元大蔵大臣

三塚博
「政治家の使命」を語る

大川隆法
Ryuho Okawa

本霊言は、2014年6月3日、幸福の科学総合本部にて、
質問者との対話形式で公開収録された(写真上・下)。

まえがき

元・清和会会長にして、自民党の幹事長・大蔵大臣の要職をこなされた三塚博さんと十年ぶりに話をした感じだ。少し若返られたようなイメージがある。

あの頃は、中央政界と幸福の科学の距離はとても近くて、私も責任感の重みに、身が引きしまるようだった。オウム事件の後、国会で宗教法人法の改正（？）が行われて、世論に迎合《げいごう》して政治が宗教を監督強化する方向が打ち出されたので、私も多少ヘソを曲げたこともあった。

そのことも手伝ってか、三塚さんが大蔵大臣の時、山一證券《やまいちしょうけん》、北海道拓殖《たくしょく》銀行危機が起きたが、私自身は、栃木県で総本山創りをすることに打ち込んでおり、

「打つべき手」について一言アドバイスを怠ったことが、日本経済への致命的大打撃になった。「日銀特融《にちぎんとくゆう》」をすべきかどうかについてである。

今回、三塚博さんが甦《よみがえ》って、「政治と宗教」「政治家の使命」について語って下さった。十年の歳月の経過が、本書の刊行を可能にし、一層の重みを加えていると思う。

二〇一四年　六月六日

幸福《こうふく》の科学《かがく》グループ創始者兼総裁《そうししゃけんそうさい》　大川隆法《おおかわりゅうほう》

元大蔵大臣・三塚博「政治家の使命」を語る　目次

元大蔵《おおくら》大臣・三塚博《みつづかひろし》「政治家の使命」を語る

二〇一四年六月三日　収録
東京都・幸福の科学総合本部にて

「霊言現象《れいげん》」とは、あの世の霊存在の言葉を語り下ろす現象のことをいう。これは高度な悟《さと》りを開いた者に特有のものであり、「霊媒現象《れいばい》」（トランス状態になって意識を失い、霊が一方的にしゃべる現象）とは異なる。

なお、「霊言」は、あくまでも霊人の意見であり、幸福の科学グループとしての見解と矛盾《むじゅん》する内容を含《ふく》む場合がある点、付記しておきたい。

元大《おお》蔵《くら》大臣・三《みつ》塚《づか》博《ひろし》「政治家の使命」を語る

二〇一四年六月三日　収録

東京都・幸福の科学総合本部にて

三塚博《みつづかひろし》（一九二七〜二〇〇四）

政治家。宮城《みやぎ》県出身。旧制東京高等獣医《じゅうい》学校（現・日本大学）、早稲田《わせだ》大学第一法学部卒。一九七二年に自由民主党から衆議院議員選に出馬し、初当選。政策通《つう》として知られ、運輸大臣、通商産業大臣、外務大臣、大蔵《おおくら》大臣等の要職を歴任。運輸大臣時代には国鉄分割《ぶんかつ》民営化に尽力《じんりょく》した。また、党内最大派《は》閥《ばつ》・旧清和会《せいわかい》第三代会長として影響力《えいきょうりょく》を持ち、政調会長や幹事長等を務めた。

質問者　※質問順

綾織次郎《あやおりじろう》（幸福の科学上級理事 兼「ザ・リバティ」編集長）

加藤文康《かとうぶんこう》（幸福実現党幹事長）

小林早賢《こばやしそうけん》（幸福の科学広報・危機管理担当副理事長 兼《けん》 幸福の科学大学※名誉《めいよ》顧問《こもん》）

［役職は収録時点のもの］

※幸福の科学大学（仮称）は、2015年開学に向けて設置認可申請中です。
構想内容については変更の可能性があります。

1　幸福の科学の信者だった三塚《みつづか》博《ひろし》氏を招霊《しょうれい》する

自民党最大派閥《はばつ》・清和会《せいわかい》三代目会長だった三塚《みつづか》博《ひろし》氏

大川隆法　今、政治絡《がら》みで、いろいろと動き回ったり考えたりすることも多くありますので、すでにあの世に還《かえ》られた方ではありますが、当会を応援《おうえん》してくださっていた政治家からお言葉を頂いてもよいのではないかと感じています。

三塚《みつづか》博《ひろし》氏は自民党清和会《せいわかい》の三代目会長で、福田赳夫《ふくだたけお》氏、安倍《あべ》首相の父親である安倍晋太郎《しんたろう》氏のあとを継《つ》がれた方です。

この清和会から、小泉純一郎《こいずみじゅんいちろう》氏や、福田氏の息子《むすこ》である康夫《やすお》氏等が出てきていますが、おそらく、今の政治家たちもお世話になったのではなかろうかと思っています。

若い方々はあまりよくご存じないかもしれませんが、幸福の科学は、九〇年代には、自民党系の議員ともかなり協力的な関係で、パイプが太く、オウム事件が起きたときには、幸福の科学と三塚氏のパイプ、それから、当時はまだ自民党だった亀井静香《かめいしずか》氏が、元は警察庁長官官房《かんぼう》にいた警察庁の幹部だったため、このあたりのパイプを通じ、警察のほうとも連絡等を取りながら、一緒《いっしょ》に対処したのです。

このあたりのことは、あまり公《おおやけ》になっていない部分ではあります。ただ、惜《お》しいことに、三塚氏は十年ほど前にお亡《な》くなりになりました。

運輸大臣、外務大臣、大蔵《おおくら》大臣など、政治家として要職を歴任

大川隆法　三塚氏は、選挙については苦労なされたらしく、最初のころは、知名

度が低く、宮城《みやぎ》県会議員選でも落選、それから、仙台《せんだい》市長選でも落選ということで、だいぶ憂《う》き目に遭《あ》って厳しかったようです。

最初の県会議員選でも、四千票程度しか取れなかったと思うので、幸福実現党には、多少、〝希望の光〟になるところがあるかもしれません。

しかし、その後は、運輸大臣、通商産業大臣、外務大臣、党政調会長等をして、一九九一年には清和会会長になられました。

それから、九五年に自民党幹事長、九六年に大蔵《おおくら》大臣、九七年に第二次橋本《はしもと》改造内閣でも大蔵大臣を留任《りゅうにん》しましたが、九八年に大蔵官僚《かんりょう》の接待汚職《おしょく》事件等があって辞任しました。

運輸大臣、通商大臣、外務大臣、政調会長あたりまでは、ご本人の実力で上がってこられたとは思います。

幸福の科学の「応援《おうえん》」で総理に近づいた三塚氏

大川隆法　ちなみに、政調会長のころ、確か、フジテレビの日曜日の政治番組だったと思うのですが、視聴者《しちょうしゃ》のアンケートで三塚氏の知名度をはじき出したところ、「三パーセント」という結果が出て、本人もさすがに落ち込《こ》んだようです。「政調会長まで行けたのに、知名度は三パーセントしかないのか」とがっかりしていたため、私のほうで、テレビに出るときの振《ふ》り付けまでお教え申し上げたことがありました。

「テレビに出るときには、もう少し手を上げたり、カメラのほうをまっすぐ向いて、はっきりとものを言って、ポーズを取って話すように」というような指導までして差し上げた記憶《きおく》があります。

また、一時期、幸福の科学では三塚氏を〝偉《えら》く〟しようとする活動をしたことがありましたが、この人の秘書があまり〝親分〟を信じていなかったようなところがあり、怖《こわ》がってしまったことがありました。

実は、竹下登《たけしたのぼる》氏が首相になる前、某右翼《ぼううよく》団体に、「日本一金儲《かねもう》けがうまい竹下氏を総理に」などと街宣をかけられた「ほめ殺し事件」（一九八七年皇民党《こうみん》事件）があったこともあり、当会の動きを「ほめ殺しパート2」だと思ったのか、三塚氏の秘書が怖がり、一生懸命《いっしょうけんめい》、抑《おさ》えようとしたのです。こちらは「ほめ殺し」ではなく、本気で言っていたのですが、秘書は、「そんなはずはあるまい」と思って信用しませんでした。最後は、「秘書が信じないならしかたがない」と思い、私も諦《あきら》めたところがあります。

当時、広報ルートで、政界の中枢《ちゅうすう》部までパイプが通っており、「何とか三塚氏を総理にできないか」とお願いしたのですが、そのための条件として、「幹事長と大蔵大臣のステップを踏《ふ》まなければ総理にはなれない」ということで、この二つを経験なされたわけです。それは、幸福の科学のプッシュもあってのことだったと思われます。

清和会《せいわかい》の盟友・森喜朗《もりよしろう》氏との複雑な関係

大川隆法　ただ、大蔵大臣を務めた橋本《はしもと》内閣のとき、増税をしてしまいました。あのころは、一年何カ月か好景気が続いていたこともあって、「そろそろ財政赤字の解消のため、踏み切ってもいいか」と思って導入したわけですが、急に景気が腰折《こしお》れし、その後の山一證券《やまいちしょうけん》や北海道拓殖《たくしょく》銀行の倒産《とうさん》が、かなり堪《こた》えました。また、日本長期信用銀行の破綻《はたん》では、外資に食われたりするなど、いろいろなこともありました。

そういう金融《きんゆう》系から起きてくる不況《ふきょう》のようなものもありましたし、通貨危機等もありました。さらに、説明するのも〝おぞましい〟ので言いませんが、ちょうど、大蔵省幹部への接待問題があり、私の大学時代の同級生も絡んでいるのですけれども、悪いところへ行って接待され、収賄《しゅうわい》等で問題になりました。三塚氏はそれらの責任を取らされるかたちで、大蔵大臣を辞任したのです。また、のちに総理となった森喜朗《もりよしろう》氏に求められ、清和会《せいわかい》の会長を譲《ゆず》ったのですが、これについては、やや複雑な関係がありました。

早稲田《わせだ》大学では、三塚氏のほうが先輩《せんぱい》で、十歳《さい》ほど年上だったので、三塚氏が先に清和会の会長になりましたが、政界入りは森氏のほうが一期三年ほど早かったのです。

そのようなこともあって、実力としては森氏のほうが上だったところがあったものの、先輩を立てて、三塚氏のほうを先に上げよう

森喜朗（1937 ～）
石川県出身。自民党清和会第四代会長。第 85・86 代内閣総理大臣。

としたのですが、金融不祥事《ふしょうじ》がたくさん起きたため、「もう駄目《だめ》だ」と見切りをつけ、そのあとに森氏が出てきたわけです。

しかし、「三塚氏を切るときに、少々、〝仁義《じんぎ》の切り方〟が悪かった」と、「ザ・リバティ」が〝因縁《いんねん》〟をつけたこともありました（笑）。

その後、森氏も一年で総理を辞職することになりました。

幸福の科学の政治キャリアは二十年以上

大川隆法　そういうわけで、今から二十年も前に、幸福の科学は政局に大きなかかわりを持っており、総理大臣選びにも大きな影響《えいきょう》を与《あた》えていたのは事実です。

今の政権も、そのあたりのことは、よくお知りになったほうがよいのではないかと思います。そのころはまだ、みな、ずっと下の下の下の立場におられたのではないでしょうか。

何しろ、小泉元総理が、まだ三塚氏の〝太刀持《たち》ち〟をしていた時代のことであり、三塚幹事長のときには、警備のように、その横で〝太刀持ち〟をして歩いているような状況でありました。

要するに、幸福の科学も、政治のほうのキャリアは、二十年以上前からあったわけです。

惜しくも、そういう方が亡くなられたのですが、少し残念な気持ちもあります。それは、山一證券と北海道拓殖銀行の倒産のところです。あれだけ景気が低迷《ていめい》して不況になったところから、いったんはよくなりかかっていたのに、もう一回、長期不況に突入《とつにゅう》していったので、やはり私にも後悔《こうかい》が残りました。

あのときに、「増税もやむなしではないか」と思い、それに合わせて、金利上げについても提言はしたのですけれども、「ちょっとだけ早かったかな」という後悔があるので、今は、消費税上げについて、非常に慎重《しんちょう》に言っているところがあるのです。

三塚博氏を招霊《しょうれい》し、「現代日本のあるべき姿」を訊《き》く

大川隆法　三塚氏は、信仰《しんこう》もあった人でありますけれども、この方から見て、今の政界を取り巻く状況や、さまざまな日本の危機がどのように見えているのかを調べてみたいと思います。

間違《まちが》いなく幸福の科学の三帰《さんき》信者であった方ですので、きっと、後輩の政治家にも参考になるご意見を言ってくださるのではないでしょうか。

では、前置きはそのくらいにしましょう。

この方は、国鉄《こくてつ》を民営化するのに、そうとう効果、実績をあげた方であると思い出してくだされば結構です。中曽根《なかそね》内閣のときに、「国鉄」が「ＪＲ」になる過程で頑張《がんば》られた方です。

●三帰信者　幸福の科学の会員のなかで、「仏・法・僧」の三宝に帰依することを誓い、仏の教えをもとに、世のため人のため、人助けのために活動することを天命として生きる信者。（本書P.148参照）

それでは、かつて、自民党幹事長や政調会長、それから大蔵大臣等を務められた政治家・三塚博氏をお招きし、「政治家の使命とは何か」について、語っていただきたいと思います。

今、日本の政治の閉塞《へいそく》状況や、諸外国との関係、また政治のあるべき姿等について、おそらくは、そちらの世界でいろいろ考えを練っておられることだろうと思います。

いろいろとアドバイスもおありでしょうから、霊界《れいかい》の証明も兼《か》ね、かつ、「現在の日本のあるべき姿とは何か」ということを探究する意味でも、ぜひとも、幸福の科学総合本部にお出《い》でいただき、われらに指針をお示しくださいますよう、心の底よりお願い申し上げます。

三塚博氏の霊よ。どうか、幸福の科学総合本部に降りたまいて、われらを指導したまえ。

（約十五秒間の沈黙《ちんもく》）

2 「大川先生は当時から国師《こくし》であられた」

九〇年代以降続いている、「信仰心《しんこうしん》」と「左翼《さよく》勢力」の凌《しの》ぎ合い

三塚博　（咳《せき》）ううん。

綾織　こんにちは。

三塚博　ううーん……（咳）。

綾織　三塚先生でいらっしゃいますでしょうか。

三塚博　ああ……（笑）。もう、「先生」と言われるほどではないがなあ。

綾織　いえいえ。

三塚博　国民で記憶《きおく》してる人は、〇・一パーセントぐらいになってるんじゃないか。

綾織　政治家として活躍《かつやく》されている方は、今でもしっかりと三塚先生のことを尊敬申し上げていると思います。

三塚博　ええ？　そうかねえ？　安倍《あべ》君や下村《しもむら》君は覚えとるかねえ？

綾織　もちろん、それは、もう（笑）。

三塚博　ええ？　うーん。

綾織　九〇年代当時は、まだまだ若手の議員、あるいは、国会議員にもなっていない方々でしたので、当時、まさに清和会《せいわかい》のトップでいらっしゃって、お世話されたということは、みなさんも分かっていることでございます。

三塚博　（ため息）まあ、口はあまり上手でないでなあ。雄弁会《ゆうべんかい》出身だけど、大したことはないし、東北人であったんで……。私が総理大臣になれんかったから、東日本大震災《だいしんさい》が起きたような気がせんでもないわなあ。

綾織　そうですか。

三塚博　そのくらいの一言《ひとこと》は言うておきたいなあ。

綾織　はい、そうですね。

三塚博　ねえ。仏《ほとけ》が言うとるとおりに、わしを総理大臣にしてくれとったら、東日本大震災も、あるいは起きんかったんでないかなあって。

綾織　そうですね。そうかもしれません。

三塚博　なあ？　その余徳《よとく》でもって、津波《つなみ》は来んかったんじゃないかなあっていう気がするなあ。若干《じゃっかん》な。

綾織　はい。

三塚博　そのへんは感じるものがあるな。

綾織　村山《むらやま》政権のときにも「阪神《はんしん》大震災」があり、その後、民主党政権のときに「東日本大震災」がありました。

三塚博　そうそう。

綾織　ある意味で、日本の政界の状況《じょうきょう》というのは、九四、五年以降、同じようなことの繰《く》り返しになってしまっているところもあるのではないかとは思います。

三塚博　うーん……。いやあ、やっぱり、この「神仏への信仰心《しんこうしん》」と「左翼《さよく》勢力」との凌《しの》ぎ合いだな。九〇年代から、激しい凌ぎが続いてるわなあ。それで、「左」に揺《ゆ》れたときに、震災とか、悪いことが必ず起きるんだよな。

大川隆法に「法案を上げてほしい」とお願いしたこともあった

三塚博　わしらも、あんたがたには、ずいぶんお世話になった。特に、女優の小《お》川知子《がわともこ》さんのお兄ちゃんには、ずいぶん世話になったんだがなあ（注。当時、小川氏は幸福の科学の広報局長として三塚氏と折衝《せっしょう》していた）。

妹さんのほうは、今、また、ちょっと復帰してきたみたいでよかったなあと思うとるんだけどな。

まあ、お世話になったわな。事務所のほうにあんまり来てたら、何か、秘書が警戒《けいかい》し始めたからさ。ほとんど自宅に来てもらってたんで。

綾織　ああ。さようでございますか。

三塚博　三塚事務所じゃなくて、三塚自宅と幸福の科学とが直結《ちょっけつ》しとったような状況だった。

だから、幹事長をやったり、大蔵《おおくら》大臣もやったりしたけど、大川隆法先生は、もう当時から国師《こくし》であられたんであって、いろいろとアドバイスを受けとった。

ときどき、〝おねだり〟もして、「大川先生のほうから法案を上げてもらえませんか」というお願いまでした覚えがあるぐらいなんだけど。うーん、今の若手政治家たちは、どうせ知らんだろうなあ。

生前、「幸福の科学の信者ではない」と嘘《うそ》をついたことへの反省

綾織　そのあたりについては、あまり明らかになっていないのですが、いちばん印象に残っているような大川総裁からのアドバイスというのは、どういうものがあったのでしょうか。

三塚博　うーん……。まあ、このへんは、もう闇《やみ》のなか、藪《やぶ》のなかのことが多いからな。

でも、わしも失敗はしたんだ。マスコミに、「幸福の科学の信者という噂《うわさ》がありますが、本当ですか」みたいな公開追及《ついきゅう》をされたことがあって、「大川先生の

ご本はたくさん読んでおりますけれども、信者というわけではない」みたいなことを言ったのが、ちょっと〝祟《たた》って〟しもうてさ。

綾織　あ、ご自覚していらっしゃるんですね（笑）。

三塚博　うん。嘘《うそ》ついた。明らかに嘘ついた。

会員のみなさんは、東京ドーム（での講演会）で、〝ジャンボトロン（センタースタンドの巨大《きょだい》モニター）〟に、私の顔と、献金《けんきん》して祈願《きがん》してる姿が映《うつ》ってるのを見とるからさあ。「あんなのは嘘だ」って会員が分かったし、あれで、ちょっと、大川総裁もカチンときて、大蔵大臣で〝止《と》めて〟しもうて、総理までしてくれんかった感じだった。

綾織　あっ（笑）。

三塚博　やっぱり、政治家は嘘をついたらいかんっていうことだ。

綾織　はい。そうでございますね。

三塚博　でも、マスコミはきついもんなあ。公然と言うときついからな。だから、やっぱり、信仰と政治家の関係には難しいところがあるよなあ。

綾織　もしかしたら、何か上手な言い方があったかもしれません。

三塚博　うん。少なくとも、「本はほとんど読んでる」というような言い方はして、そう言うたら、まあ、「信者だ」っていうことなんだけどなあ。

綾織　そうですね。

三塚博　だけど、それをあんまり言いすぎると、いじめの材料に使われるからな。おたくにも迷惑《めいわく》がかかるかなあと思ってさあ。

3 安倍《あべ》首相の採点は「九十点」

幸福の科学の後押《あとお》しで「枯《か》れ木に花が咲《さ》いた」政治家時代

加藤　三塚先生、今日は本当に貴重な機会を頂き、ありがとうございます。

三塚博　いやあ。

加藤　先生は、自民党の幹事長や政調会長、それから、外務、大蔵《おおくら》、通産大臣と、要職すべてを歴任されていまして、「もう次は総理大臣だ」ということで期待をしていたのですが。

三塚博　そうなんだ。経験から見たら、いちおう総理ができるところまで来てたんだけどなあ。君らが推《お》してくれたんで、「枯《か》れ木に花が咲《さ》いた」っていって、当時は週刊誌がいっぱい書いとった。「枯れとったのに花が咲いてもうた」っていう〝あれ〟やったんだけどなあ。

加藤　（笑）総理以外の、すべての要職を歴任された三塚先生ですが、亡《な》くなられてから、すでに十年がたちました。

三塚博　そうだねえ。もうそんなになるか。十年かあ。その間《あいだ》にずいぶん変わったね。君らまで政党をつくってしまうとは、まさか……。

加藤　そのあたりについては、またぜひ、アドバイスを頂きたいと思っているのですが……。

三塚博　ああ、そうか。それはあとからやるんやなあ。

安倍《あべ》首相への評価は「父も祖父も超《こ》えたかもしれない」

加藤　この十年間では、自民党もいったん下野《げや》いたしましたし、中国の軍事的脅《きょう》威《い》も、かつてなく強まってまいりました。

三塚博　そうねえ。

加藤　そこで、今の政治についてお訊《き》きしたいのですが、安倍《あべ》政権は、この国難打破のために本当に頑張《がんば》っていると、われわれも見ております。今、安倍晋太郎《しんたろう》さんの子息である晋三《しんぞう》さんが総理をされていますが、三塚先生は、どのようにご覧になっていますか。

三塚博　いや、まあ、ようやっとると思うよ。

吉田松陰《よしだしょういん》の霊言《れいげん》かなんかで、不合格点なんかをつけてると、やっぱり、本人は傷つくから、もうちょっと〝下駄《げた》〟を履《は》かさないと（『吉田松陰は安倍政権をどう見ているか』〔幸福実現党刊〕参照）。やっぱり、〝下駄〟っていうのは、私立では普通《ふつう》やからさ、〝下駄〟は履かさないといかんと思うわなあ。

それは、松陰さんがきつすぎるんであって、

『吉田松陰は安倍政権をどう見ているか』（幸福実現党）

ようやっとるよ。うーん。そらあ、総理大臣であそこまでやったら、九十点はいっとるよ。

綾織　あ、九十点ですか。ほお。

三塚博　そらあ、九十点はいってるよ。

綾織　それは高いですね。

三塚博　なかなか、あそこまではやれんよ。うーん。だから、お父さんを超《こ》えたかなあ。

綾織　すごいですね。

加藤　あ、お父さんも超えられましたか。

三塚博　うーん。お父さんも、それから、おじさんたちか。いや、おじいさんか。あれは何だったか……。

綾織　岸信介《きしのぶすけ》さんですね。

三塚博　じいさんだな。そこも超えたかもしれないな。場合によってはなあ。

岸信介（1896 〜 1987）
山口県出身。第 56・57 代内閣総理大臣。佐藤栄作元首相の兄。日本に不利な条件で結ばれていた日米安全保障条約を、日米共同防衛体制を明確化した新条約に改定。

綾織　おじいさんも超えたかもしれない？

三塚博　うん。超えたかもしれない。

綾織　それはすごいですね。

三塚博　いや、まだ最後まで見んと分からんからさ、政治家はなあ。最後まで見てみないと分からんけど、やろうとしてることは超えようとしている。

綾織　確かに、「集団的自衛権」の行使容認や、もし、「憲法改正」の少し手前までいけるのであれば、超えられるかもしれませんね。

消費増税後も支持率を維持《いじ》する安倍《あべ》政権は「そうとうな強者《つわもの》」

三塚博　いやあ、すごいと思うよ。橋龍《はしりゅう》（橋本龍太郎《はしもとりゅうたろう》）政権のときもなあ、消費税上げをしたら、やっぱり、すぐに内閣が潰《つぶ》れたのに、消費税上げをしても、まだ潰れないで高支持率を維持《いじ》してるってのは、そうとうのもんだな。

綾織　そうですね。橋本政権も、消費税を上げてから一年で潰れてしまいましたので。

三塚博　すぐ潰れる。竹下登《たけしたのぼる》さんだって、あれ（消費税上げ）と引き換《か》えに辞《や》めましたよ。

綾織　はい。そうですね。

三塚博　あの竹下さんほどの力があっても、やっぱり、（消費税を）上げたら、それと引き換えに、すぐに辞めていったからさ。そのあと、政治の混迷《こんめい》がいっぱい始まったので、これは、もう鬼門《きもん》だねえ、本当に。

それから、消費税上げに、さらに、自衛権のところだね。集団的自衛権から憲法九条改正まで狙《ねら》ってるのは、もうみんなが知ってることだよ、周知《しゅうち》のことだからな。それで、あえて、まだやっとるっていうのは、いやあ、みんなが想像する以上の、そうとうな強者《つわもの》だよなあ。

三塚博氏から見た「安倍《あべ》政権が続いている理由」

小林　政権がもっている理由というのは、どのあたりだと見ていらっしゃいますか。

三塚博　そりゃあ、君たちが応援《おうえん》してるからじゃないの？

小林　はい。

三塚博　わしはそう思うよ。私らのときもそうだったから……、ずっとそうだよ。小泉《こいずみ》さんが（総理大臣を）五年以上やれたのは、そりゃ、君らが応援していたからだよなあ。

小林　そうですね。要所、要所でいろいろなことをお伝えしましたので。

三塚博　そうだよ。「考え方」がちゃんと後押《あとお》ししてたからだと思いますよ。君らがカリッときたときには、民主党政権に変わったりしてるじゃん、ねえ。だからちゃんと、要所、要所で〝あれ〟してるわけだ。

わしも、「幸福の科学の応援をちゃんと取り付けたら政権が安定する」ということを、九〇年代には、よう言うてたけど、実際、そのとおりなんで。幸福の科学の支持がしっかりしてるときは政権が安定するんだよ。だけど、支持が離《はな》れたら、すぐガタガタになってくるんだ。

小林　そうですね。まさに、安倍《あべ》総理にも、そのへんのところを、もう一段、よくご理解いただければと思っています。

三塚博　まあ、安倍さんも、ある程度は分かっておるとは思うけども、十分ではない面もあると思うな。まだ「個人人気」だと思うてる面も一部はあると思うし、大川総裁が、どのくらい老獪《ろうかい》に戦略を練って応援してくれてるか、まだ分かってないところがおありなんじゃないかねえ。

小林　最近では、「具体的にこのあたり」というように感じられているところなどはございますか。

三塚博　うん？　いや、まだ政権がもっとるということ自体がすごいことで、感謝しなきゃいけないわなあ。

小林　そうですね。今の日本の左翼《さよく》の状況《じょうきょう》からしますと。

三塚博　ええ、普通はもたないよね。普通はもってないし、再起できたこともね。前回の、一年ぐらいの短期間でパパパッと幾《いく》つかの法案を通して、すごい最速内閣でいってたときは、頑張ってもいたけど、すぐ崩《くず》れた。

なぜ安倍《あべ》首相は「カムバック」できたのか

小林　そのあたりについては、多少なりとも信仰心《しんこうしん》や神仏《しんぶつ》に対する気持ちがある政治家の方に対して、われわれからも伝えたいメッセージなのですが、安倍《あべ》さんご自身についても、客観的に見て、あのような「カムバック」というのは、普通はありえない話です。

三塚博　ない。（自民党が結党した）五五年以降ないんじゃないか。

小林　ええ。「その、ありえないことがなぜ起きたのか」という部分に関して、ぜひ、三塚先生からも、少しコメントを頂ければ。

三塚博　うーん。それは、やっぱり、国防の危機が来てるからねえ。中国の覇権《はけん》主義が来てるから、「誰《だれ》を起用するか」っていう問題に対して、今、ほかに適任がいないのでね。そういうことで、天上界《てんじょうかい》からのご加護があって、今、やれてるんだと思うよ。

まあ、少なくとも、信仰心がない政治家ではないわね。明らかに、信仰心をかたちとして外に表してはいる。いろいろと参拝《さんぱい》したりして、そのへんは、はっきりしてるしね。

やっぱり、伊勢神宮《いせじんぐう》、それから、靖国《やすくに》神社、まあ、ほかもあるけれども、あと、吉田松陰神社にも祈願《きがん》をかけてるっていうのが、そうとう効いてはいるんでねえ。

綾織　ああ、そうですか。

三塚博　ええ。吉田松陰神社に祈願をかけられると、やっぱり、もたざるをえないところはあるねえ。

「日本神道《しんとう》系」と「仏教系」が強力に応援《おうえん》している安倍《あべ》首相

加藤　第二次安倍《あべ》内閣が発足《ほっそく》して一年半ぐらいたちますが、安倍さんには、いまだにかなりの高支持率がございます。これには、もちろん、自民党サイドの頑張りもあるのでしょうが、やはり、霊的《れいてき》な作用もあると見てよろしいでしょうか。

三塚博　あるよ、あるよ。霊的にそうとう応援《おうえん》してるから。日本神道《しんとう》系と、それから仏教系の両方から強力に応援してるから、もってるところがあると思いますよ。

加藤　この十年余り、清和会《せいわかい》系の方から総理大臣が立て続けに出ました。

三塚博　そうなんです。

加藤　そのなかでも、安倍さんは、一回目は比較《ひかく》的早い年齢で総理に……。

三塚博　まあ、最初に総理になったのが、わりに早かったからなあ。小沢《おざわ》（一《いち》郎《ろう》）君とかだったら、早いうちに総理が回ってきそうなときに、それで〝上がり〟になるのが嫌《いや》で逃《に》げたら、そのあと、二十年もたっても、総理になれずに終わってしまったわなあ。まあ、そういう意味では、運もあるけどなあ。

4 「幸福実現党のおかげで自民党がもっている」

「大川隆法の応援《おうえん》の論陣《ろんじん》」に対してマスコミは勝てない

綾織 「特定秘密保護法案」であれ、「集団的自衛権」であれ、袋叩《ふくろだた》きに遭《あ》って、左翼《さよく》側に潰《つぶ》されるというのが普通《ふつう》のパターンであるわけですけれども、幸福の科学の側が、それとは逆の言論を発していて、ある意味で代わりに戦っている。

三塚博 まあ、これを安倍《あべ》さんが分かっているかどうか、あるいは、側近《そっきん》が分かっているかどうか。もしかしたら、ある程度、自分らの実力だと思うて、うぬぼれてしもうとるかもしらんから、念のために、わしが言うとかな、いかんけれども。要するに、「大川隆法さんが応援《おうえん》の論陣《ろんじん》を張って、反対側を折伏《しゃくぶく》にかかった場合、マスコミは勝てないんだ」っていうことは知っといたほうがいいと思うね。

そういう意味で、何て言うのかなあ、「政権の前置きをやってくれてるんだ」ということを知ったほうがいいと思うな。だから、引きずり下ろそうとするやつを〝切り落として〟るわなあ。

「宏池会系《こうちかい》」から「清和会系《せいわかい》」に本流が移った原因

加藤　自民党はそれまで、どちらかといえば、宏池会《こうちかい》系が保守本流を名乗っているようなところがあったのですが、この十数年を見ますと、明らかに清和会《せいわかい》系が歴代総理を輩出《はいしゅつ》して、こちらに軸足《じくあし》がやや移ってきていると思います。このあたりは、何か霊的《れいてき》なものを含《ふく》め、理由があるのでしょうか。

三塚博　まあ、宏池会系は、もともと本流だったんだけどね。ちょっと「左」に寄っていったからね。リベラル派のほうに少し流れていったので。

やっぱり、加藤紘一《かとうこういち》君あたりの信仰心《しんこうしん》が薄《うす》かったところが問題なんじゃないかね。あのあたりで消えていった。

宮澤喜一《みやざわきいち》さんも、総理になるのがちょっと遅《おそ》すぎたとは思うけどねえ。まあ、インテリではあったけど、なんか、やっぱり実行力がなかったのと、「資産倍増論」で根本的な経済政策の間違《まちが》いがあったようには思うんでなあ。

まあ、あのへんは、ちょっと残念なところはあるわなあ。あとは、あんまり冴《さ》えない状態だよなあ。

「大川先生の言ってること、一つひとつが勉強になる」

小林　宗教政治家として、清和会の大先輩として、下村博文《しもむらはくぶん》さんを含《ふく》めた後輩に対して、「大川隆法総裁が、どういう方に見えるのか」ということについて少しレクチャーを頂けると、たいへんありがたいと思うのですけれども。

三塚博　いやあ、そらあ、「偉《えら》い人」なんじゃないの？　まあ、日本にはもったいないわねえ。「ようこそ、お出《い》でなさいました」みたいな感じだなあ（笑）。「ようこそ、いらっしゃいました」みたいな。

綾織　「日本を超《こ》えている」ということなのですね？

三塚博　ほかのお国に行かれたら大変なことになるわねえ。「ほかの国に行かれんで、ようこそ日本にお越《こ》しくださいました」っていう感じかなあ。

綾織　政治家の方が宗教を見るときには、基本的に、票の数をメインに見てしまうわけですけれども。

三塚博　わしは、そんな、数なんてことはないよ。いやあ、わしはそんなねえ、そんな下品じゃないよ。

綾織　はい。

三塚博　まあ、選挙は、あんまり強くないけどね。まあ、よく落ちたから、昔ね（笑）。無名性っていうか、スター性がないところで評判の……、評判でもないか（笑）。〝折り紙付き〟の地味な政治家だったんでなあ。まあ、それはあれだけど。いやあ、やっぱり、大川先生は、そらあ、見識《けんしき》が優《すぐ》れてるわなあ。「見通す能力」とかなあ。そのへんはすごいし、書物を読んだって、やっぱり、コクが違うよな。ほかの宗教家なんかはもう、全然、話にならないじゃないですか。ほかの何を読んだって、勉強になんか何にもならないですけど、（大川隆法の書物は）勉強になるもんなあ。ほんと言っていることの一つひとつが勉強になるしなあ。

やっぱり、そういったって、政治も心の教えも一緒《いっしょ》にやらないといかんと思うよ。まあ、政治家としてはねえ。政治家が駄目《だめ》だったら、国民は駄目になるよなあ。

「当選」より「大義《たいぎ》」を優先している幸福実現党

小林　これも、後輩の政治家に聞かせたいんですけれども、今の「コク」という言葉を聞いて思い出したことがあります。私は、直接、三塚先生のところにお伺《うかが》いしたことはなかったんですけれども、先ほど、少し名前が出た小川《おがわ》が三塚先生のところへ行って戻《もど》ってきたときに、教えてくれました。「私は、大川先生の本をよく読んでいる。一ページ一ページ、味わうように読んでいるんだ」と。

三塚博　そのとおり。線を引きながらなあ、読んでいた。

小林　そのように、当会の広報局長だった小川におっしゃってくださったことをよく覚えています。特に最近、三塚先生からご覧になると、若手の政治家になってきて、昔型の信仰心が少し薄らいできたように思います。そういう方々に対して、「本来、こんなもんじゃないよ」というあたりについて、一言《ひとこと》言っていただけると……。

三塚博　ほんとに分かってないんじゃないかな。だから、幸福実現党をつくってやってるから、「敵になったか」と思うたりするような、そういう競争の気持ちも、ちょっとあるかもしらんけども。

確かに、幸福実現党も、政党としてはなかなか成功してないように見えてるかもしらんけども、言っていることを見れば、自民党なり、民主党なり、ほかの政党なりが、本来言わなければいけないのに、「言ったら選挙で落ちる」と思って言わないでいるところを、全部言ってるよねえ。

それは、「承知の上でやってる」っていうかなあ、〝斬《き》り込《こ》み隊の新撰組《しんせんぐみ》〟か、あるいは、〝斬り死に覚悟《かくご》の明治維新《めいじいしん》の志士〟かっていうようなところかねえ。自分らが当選することよりも公儀《こうぎ》というか、大義《たいぎ》かなあ。そちらのほうを示すことを優先してるっていうのが、もう明らかに見えるわね。

だから、「君らが〝斬り死に〟しかけて、今、自民党政権がもってる」っていうことを知らないといけないと思うね。そのへんは、たぶん分かってないと思う。

全然、分かってないと思うな。

5 「中国包囲網《ほういもう》」を安倍《あべ》首相が築く理由

天上界《てんじょうかい》に還《かえ》ってからの「認識」の違《ちが》い

綾織　少し大川総裁の話に戻《もど》るのですが、地上で大川総裁を認識されていた部分と、天上界《てんじょうかい》に還《かえ》られてからの認識では、違《ちが》ってきているのではないかと想像するんですけども……。

三塚博　天上界に還ったら、「もっと偉《えら》い人だ」っていうことが分かったよ。

綾織　あ！　そうですか（笑）（会場笑）。

三塚博　もっと偉かったわあ。私が生きてたとき、「ずいぶん偉い人だ」と思うとったけど、もっと偉かったわ、還ってみたら。

綾織　具体的には、どういう違いですか。

三塚博　〝めちゃくちゃ偉い〟んだよ！

綾織　〝めちゃくちゃ〟ですか（笑）（会場笑）。

三塚博　だから、君、あのねえ、政治家なんか、まだ宗教家とどっちが偉いか競争してんだと思うんだけどさあ、めちゃくちゃ偉いんだよ。分かっとらんと思うんだけど。もう話にならんぐらい偉いんだよ。
そりゃあもう、こんな民主主義なんていうものを突《つ》き抜《ぬ》けとるよ、これは。完《かん》璧《ぺき》に突き抜けてるので。それはねえ、もう足を向けて寝《ね》たらいかんよ。これはねえ、全然、違うよ。

加藤　では、三塚先生は、ご帰天《きてん》されたあと、「認識というものが、一段も二段も深まった」と強く感じていらっしゃるんですか。

三塚博　いやあ、勉強になったね。生前、ご本を愛読させていただいとったおかげで、あの世へ還ってから、やっぱり勉強や見識がだいぶ進んで、よかったと思うなあ。

「仏の声をきかなければ、仏罰《ぶつばつ》が来る」と知るべき

綾織　その観点から、幅《はば》広くお伺《うかが》いしていきたいんですけれども、十年間、天上界にいらっしゃって、今の日本の政治家について、何か気になっていることはありますか。どうしてもアドバイスしたいことは、何でしょうか。

三塚博　そらあ、今、「国防」と「経済成長」のところが目玉になっとるんだろうと思うけど、やっぱり日銀の〝扉《とびら》〟を開けたのは、幸福の科学だろうと思うしなあ。資金を出させたのはなあ。

また、「コンクリートから人へ」と言うて、鳩山《はとやま》君がさあ、民主党政権のときに、公共工事中止みたいなんで、「何千億も使って、ほとんど出来上がっているダムを途中《とちゅう》でやめてしまえ」みたいなことをやろうとしてたりねえ。

それから、「スーパー堤防《ていぼう》」っていうのをバカにしたりするようなことをしたあとに、あの震災《しんさい》が来てるだろう? あのときも、最初からはっきりと批判してたと思うけど。

「コンクリートから人へ」って言われて、みんな、何となく、そちらのほうが宗教みたいで信仰《しんこう》したくなるけど、「そんなことはありません。コンクリートは人を守りますよ」というようなことを、ちゃんと言っておられたでしょ?

これが普通《ふつう》の政治家と、どれだけ見識が違うか、やっぱり、よう知らないといかん。そのあと起きた事件をよう見たほうがええよ。

だから、「神罰《しんばつ》が来る」っていうことを知っといたほうがいいよ。「仏の声をきかなかったら、神罰、仏罰《ぶつばつ》が必ず来る」っていうことだなあ。

自民党応援《おうえん》から転換《てんかん》するきっかけとなった麻生太郎《あそうたろう》氏の評判

三塚博　それから、防衛に関しても問題があって、二〇〇九年に、君らは（幸福実現党を）立ち上げたんだろうと思う。

それは「自民党応援《おうえん》」のかたちでやってくれてもよかったんだとは思うけども、やっぱり、麻生太郎《あそうたろう》君の評判が悪すぎたよなあ。あのときになあ。ねえ？　口がひん曲がっとるからさ、「性格も悪い」とみんな思うてしまうしなあ。あれは、もうちょっと、ものの言いようがあると思うんだよなあ。

綾織　ある意味、正直に話されてしまっているのかなと思いますね。

三塚博　正直すぎるっていうか、正直っていうもんじゃないんじゃないか、あれは。あれは、正直っていうんじゃなくて、何だろうねえ、「何を威張《いば》っている?」って、みんな思うとったんじゃないか。まあ、つまらないことで足を引っ張られたけどね。「漢字が読めない」とかね。

いや、私だって似たようなことがないわけではないけどね。大蔵《おおくら》大臣のときに、「『市場《しじょう》のことは市場に聞け』とかいう言葉がある」とか言って（笑）、怒《おこ》られたことがある（会場笑）。「大蔵大臣の言う言葉か」って言うて、怒られたようなことが、ちょっと、まあ（笑）。まあ、言葉としては、俺《おれ》も十分ではなかったから。あきれた人がだいぶいたみたいなんで、わしも人のことは言えんのだけども、「ちょっと漢字の読み方ができん」ということで、皇室が学習院を嫌《きら》う原因になったんじゃないかっていう気が、若干《じゃっかん》するところもあるしなあ。

なんかあれじゃないですかねえ? みんな、「安倍《あべ》さんの延長でやれるもんだ」と期待したのが、あまりにも……。あれは、田母神《たもがみ》（俊雄《としお》）さんの〝クビ切り〟

あたりに端《たん》を発してるのかもしらんけども、「この人は大丈夫《だいじょうぶ》か」っていうか、「この人に任せて大丈夫か」っていう感じがあったんじゃないかねえ？

安倍《あべ》首相の理論的なバックボーンとなっている幸福の科学

加藤　先ほど、「国防と経済成長」というお話がございましたが、特に国防問題について、お伺いします。三塚先生がご帰天されてからの、この十年間、先ほども申し上げましたが、中国の軍事的脅威《きょうい》がかなり強まってきています。外相や通産相も歴任された三塚先生は、この現状をどうご覧になり、どう手を打つべきとお考えですか。

三塚博　いやあ、安倍《あべ》君は、その意味では頑張《がんば》ってると思うよ。この前も、アジアのシンガポールだとか、どっか行ってさ、中国を暗に批判して、「ASEAN《アセアン》

の国のほうの味方をする」っていうようなことを堂々と発表したんだろう? あ
あいう政治家は少なくとも、ここ二十年ぐらいではいなかったんじゃないかね
え?

綾織　そうです。

三塚博　だから、「日本も強くなったもんだなあ」と思う。
まあ、君たちの本とかが、基本的には、理論的なバックボーンになってると思うので。世論《せろん》づくりに、そうとう下ならしがされ、下地ができてるから言えてるところはあると思うよ。これがなかったら、ちょっと言えない部分があるけど。
理論的には、君らがマスコミの攻《せ》めてくるところを、どんどん塞《ふさ》いでいくじゃないですか。だから、あれが言えてるところがあるわな。

それから、「中国包囲網《ほういもう》」も強く提唱《ていしょう》してやって、彼もそのとおり動いてるわな。もちろん、政治家的には、「自分の考えでやってる」と言うだろうけども、理論的には、君たちのほうが先に中国包囲網を提唱してるはずだよ。そちらが先だよ。だって、そんときは、まだ民主党政権下だからね。民主党政権下で「中国包囲網」を言っていた。

綾織　そうですね。

三塚博　要するに、「中国と友好関係を結んで、アジアを平和の海にしよう」っていうのが、民主党の政策でしょう？　そのときに、「中国包囲網」を唱えておったのは、君たちだからさあ。安倍君が今、中国包囲網をつくってるからって、〝彼の発明〟でやってるとは言えんだろうねえ。基本的には、君たちのほうが

「先」に出てるわな。

まあ、政治家っていうのは、そういう感謝しない人間だから、申し訳ない。わしが代わりに感謝申し上げるけども。

まあ、いちおう言論があって、それを、ある程度、通せる人が応援してくれると、楽なところはあるからな。

この前、「集団的自衛権」の前の……、何だっけ？

小林　特定秘密保護法案です。

三塚博　「特定秘密保護法」か。あれも廃案《はいあん》になる寸前まで来てるところを、君らのところが〝パンチ一発〟ねえ、本を何か打ち込《こ》んだところで、強行突破《きょうこうとっぱ》してしまったよなあ（『「特定秘密保護法」をどう考えるべきか』〔幸福の科学出版刊〕

参照)。

日本の政治家が勇気を持って発言できるようになった理由

三塚博　今は、「集団的自衛権」だろうけども、これも同じで、中国が外国で起こしている、あの紛争《ふんそう》についても、ディベートして、詭弁《きべん》を打ち破れんようではいかんわなあ。ベトナム、それから、フィリピンか?

綾織　はい。

三塚博　これは、弱い者いじめじゃないか。国内っていうか、大陸のなかでやった「自治区いじめ」と同じことを、今度は、海を越《こ》えてやろうとしているわけでしょう?

これを、アメリカのオバマさんが、いい格好して、何もせんでいたら、本当にやられ放題になるわなあ。

だから、「日本も、何か言うてくれ」と、彼らも言っているわけだ。それに呼応して、いちおう、「日本も、アメリカと一緒《いっしょ》になって、法律的な秩《ちつ》序《じょ》を守ろう」っていうことを言うとるわけだから、日本の政治家で、よく、あそこまで勇気を持って言えてるもんだと思うけど、理論的には、こちら（幸福の科学）から、ちゃんと出てはいるわなあ。

安倍《あべ》首相の体調を心配する三塚氏

綾織　安倍《あべ》政権の今後を考えると、「集団的自衛権の問題」や、「グレーゾーンの法整備」など、今後、一年間ぐらいかけて、いろいろ行《おこな》っていくことになるわけですが、何か、注意しておくべき点はありますでしょうか。

あるいは、経済のほうですと、「年内に消費税の増税も決めないといけない」ということもあります。

三塚博　「増税」に、「反原発」に、「反集団的自衛権」に、「反憲法改正」と、そらあ、これだけ目白押《めじろお》しだったら、やっぱり、力が要《い》るわなあ。だから、倒《たお》れんことを祈《いの》りたいがなあ。外遊も多いし、成長戦略を背負うために、海外へ売り込みまで行っている総理大臣だから、池田勇人《いけだはやと》以来だよなあ。「トランジスタラジオのセールスマン」と揶揄《やゆ》された池田勇人以来だよ。総理大臣自らが、原発プラントだ、新幹線だと、いろいろなものを売り込みに歩いとるっていうのはな。

まあ、なかなか、よう頑張ってはおるが、体は心配やなあ。

綾織　ああ、お体のほうですね。

三塚博　やっぱり、「あそこまでやれるかなあ」っていう感じはするわなあ。

小林　その意味で、幸福の科学グループのサポートも重要かと思います。

6　下村《しもむら》文科大臣の「信仰心《しんこうしん》」をどう見るか

宗教のご機嫌《きげん》を取って、票集めをさせる政治家

小林　ところで、先ほど、先生のほうから、「仏の言うことを、きちんときかないと、神罰《しんばつ》が下る」というお話があったのですが……。

三塚博　そらあ、そうでしょうねえ。

小林　それに絡《から》んだこととして、各論で恐縮《きょうしゅく》なのですけれども、実は、今、幸福の科学グループでは、新設大学の申請《しんせい》をしています。

三塚博　うん。

小林　そして、現在の文科大臣は、たまたま、清和会《せいわかい》（現・清和政策研究会）の後輩《こうはい》である下村博文《しもむらはくぶん》さんなのですが、ご本人の守護霊《しゅごれい》が、こちら（幸福の科学）に来られて、やや不規則発言といいますか、「宗教見下《みくだ》し発言」を、ずいぶんしておられました。

私たちとしては、「これは、いかがなものかな」と思っておりまして、例えば、「新しい宗教を信じる人間は、賤民《せんみん》以下である」とか、あるいは、「国民の権利に値《あたい》しない」とか、「本当に、大丈夫《だいじょうぶ》だろうか」と思うような発

大川隆法
RYUHO OKAWA
文部科学大臣
下村博文
守護霊インタビュー
大事なことは、財務省の予算、マスコミのムード!?
文部科学省トップの「衝撃の本音」とは。
同時収録
崇教真光
初代教え主
岡田光玉の霊言

『文部科学大臣・下村博文守護霊インタビュー』（幸福の科学出版）

言もあったのです。

文科大臣であり、なおかつ、清和会の後輩の方（守護霊）の、こういう考えや発言を、大先輩である三塚先生のほうは、どう見ておられるのかというあたりについて、一言《ひとこと》、お言葉を頂ければ幸いです。


三塚博　彼は、宗教をやっているつもりだし、宗教心があるつもりではいるんだろうと思うけど、彼の宗教観は浅いんだと思うなあ。

だから、宗教家の偉《えら》さが分からないんじゃないかねえ。たぶん、偉さが分からないので、まあ、言葉は悪いけども、「味噌《みそ》も何とかも一緒《いっしょ》」になっているんじゃないですかねえ。そんなふうに見えとるんだろうと思う。

ほかの宗教は、みんなそうで、政党をつくるところまで行ったら……。まあ、創価学会《そうかがっかい》とかがつくってるけども、ほかのところは、だいたい、ご機嫌《きげん》を取ってやれば、つまり、大会などへ行って、挨拶《あいさつ》とかをしてやれば、一生懸命《いっしょうけんめい》、票を集めてくれるしね。

例えば、比例で一人ぐらい通したい場合、一生懸命、票集めをしたりしてくれる。

だいたい、宗教は政治家から低く見えているのよ。

ほかの宗教もみんな、だいたい、そういうふうに見えているし、教祖が、そういうレベルのところが多いからさ。教祖のほうも、「よくは分からないけど、とにかく、政治家が顔を出してくれると、タレントの代わりで、大会なんかが盛り上がる」っていうか、「宗教の大会なんかでちょっと挨拶をしてくれると、盛り上がる」って思ってるから。

まあ、そんな感じで宗教を見ているんだとは思うよ。

「下村《しもむら》氏は政治家と宗教家の仕事に対する認識がズレている」

三塚博　私だってねえ、大川先生の講演会に行ったことはあるんだけど、会ってもくれないからね（笑）。会ってもくれなかったけど、「それは、正しかった」と、今は思っているよ。やっぱり、会っちゃいけないと思ったよ。

はっきり言って、政治家なんていうのは、薄汚《うすよご》れていますよ。もう、煤《すす》だらけです。

だから、聖なる人間は、政治家なんかを、直接、相手にしてはならないと、私は思いますね。

政治家の仕事っていうのは、〝ドブさらい〟ですよ、はっきり言やあ。詰《つ》まった下水道を直すのが、政治家の仕事ですよ。

「下水が流れんのですが、先生、どうにかしてください」って言われて、腰《こし》に手ぬぐいをぶら下げて、スコップでヘドロみたいなのを取り除くのが政治家の仕事ですよ。まあ、そういう仕事なんでなあ。

一方、宗教家っていうのは、次元が違《ちが》うので、そんな者を相手にしたらいかんと思うな。バーター（交換《こうかん》）みたいなことは、あんまりやるべきではないと思うねえ。

要するに、そのへんの認識が、だいぶ、ズレとるんじゃないか。ほかの宗教は、だいたい、彼（下村氏《しもむら》）が思うようなものが多いと思うよ。だけど、「幸福の科学は、全然、異質なんだ」っていうことを分かっていないところが悲しいね。

小林　私は、まさに、その点に関して、今でも、鮮明《せんめい》に覚えている場面がございます。

それは、一九九五年ごろ、三塚先生が、日曜日の朝に放送されていた、「サンデープロジェクト」という番組に出演されたときのことです。

当時は、オウム事件が起き、大混乱の状況《じょうきょう》のなかでしたが、田原総一朗《たはらそういちろう》氏は、三塚先生が、大川総裁に帰依《きえ》しておられることを十分に知りながら、それを言葉にはせずに、半《なか》ば引っ掛《か》けるようなかたちで、「そうは言っても、宗教のなかには、オウムみたいなものもあって、いろいろ問題があるじゃないですか」と斬《き》り込《こ》んだのです。

それに対して、三塚先生が、「いや、オウムなんて、あんなものは宗教ではありませんから」と、スパッと一瞬《いっしゅん》で〝ぶった斬った〟シーンがありました。

私には、そのとき、「ああ、この方は、やはり、峻別《しゅんべつ》されているのだ」ということが、すごくよく分かったのです。

三塚博　うーん。

小林　まあ、あえて名前を出しますけれども、下村さんは、付き合いの長かった宗教団体の「真光《まひかり》」などの影響《えいきょう》を考えているとは思います。

しかし、そういう峻別眼《がん》を持たれた政治家の目でご覧になった場合、今の真光や、下村さんのスタンスというのは、どのように見えるのでしょうか。

三塚博　いやあ、ちょっと微妙《びみょう》なんだと思うね。それは、たぶん、宗教学者が宗教を見るときの感じと似ているんだよ。

要するに、宗教学者には、宗教を自分より下に見て、研究対象のモルモットのように見下し、「人間様がモルモットを見て、研究している」というつもりでやっている面があるし、もう一つ、宗教が大きくなったり、有名になったり、本が出たり、権力が出たりしてくると、嫉妬《しっと》してくる面と、両方あるだろ？　そういう感じがあるけど、政治家にも、宗教に関心がある者のなかには、そういうものに対して競争心のある人もいるのよ。

「自分とは、ちょっと別だ」と思う人もいれば、「宗教は、単に、利用されるだけでいいのであって、意見を言ってくる宗教は、煙《けむ》たいし、嫌《いや》だ」っていう人もいるんだ。

下村君（守護霊）も、「（幸福の科学は）上から目線だ」って、何度も言ってお ったんと違うか？　そうだろ？　君らを、インテリ軍団だと思うて、煙たがっているのよ。

彼に言わせれば、「本来、宗教って、そんなもんではない。宗教が土方《どかた》仕事をすべきであり、政治家が神輿《みこし》に担《かつ》がれるべきだ」という考えなんだと思うのよね。

「政治家は上で、神輿に担がれ、宗教は下で、土方仕事をし、おにぎりをにぎって、票集めをして、選挙を手伝えばいいんだ。それが宗教じゃないか」と。まあ、そういう宗教を相手にしてきたと思うんだよな。

君らみたいに意見を言ってくる宗教より、おにぎりを配ってくれて、票集めをしてくれる宗教のほうが使い出がいいわけよ。これは、〝ポチ〟に当たるわけで、いわゆる、〝犬、猫《ねこ》に当たる宗教〟なのでね。

下村《しもむら》氏の宗教的レベルと本心を明かす三塚氏

小林　ただ、仏陀《ぶっだ》が再誕《さいたん》した場合は、違います。それは、まさに、今、おっしゃったあたりのところですが……。

三塚博　いや、それが分かるか分からんかは、その人の機根《きこん》の問題だからさあ。例えば、（綾織を指して）ジャーナリストだって、分かる人もいるし、分からん人もいるわなあ。これは、なんぼ言うても分からん人はいるもんね。死んでも分からんのよ。

死んで、あの世へ還《かえ》っても、「あの世が分からん」っていう人がいるんだけど、これは、しょうがないじゃない。死んで、あの世へ還って、「あの世を認めない」と言ってる有名新聞社の有名記者とかさあ、論説員とか、そんな者もいるわけだが、この世的には、偉いんだろ？

綾織　そうですね。

三塚博　死んで、あの世へ還っても、「わしが霊だとは認めん」と言われたら、もう、どうしようもないよな。これは、この世の価値基準が、玉石混交《ぎょくせきこんこう》だからね。そのなかで、あなたがたの教えどおり、みんなが魂修行《たましいしゅぎょう》をしているわけよ。

その玉石混交のなかで、大臣も乞食《こじき》も一緒になって魂修行をしているから、「どっちが偉いか、ほんとは分からん」みたいなところがあるわけね。
そのなかで選び取っていくことによって、魂が磨《みが》かれるんだと思うんだよな。

綾織　今の政治家には、迷っている人も、たくさんいると思うのですけれども、「選び取る智慧《ちえ》」とは、どういうものなのでしょうか。

三塚博　まあ、下村《しもむら》君のレベルだったら、たぶん、大川総裁の本を読んでも、活字として書いてあることは見えるけど、目がチカチカして、教えが頭に入ってこないんじゃないかと思うんだよ。
要するに、心のなかまで入ってこないレベルだと思う。活字としては映っているんだけど、心のなかに入らないあたりであって、このレベルの人は、たくさんいるとは思う。

具体的なことについて触《ふ》れた場合は、はっきり分かるけど、心の教えとか、そういう霊的なことについて語った場合には、チカチカと光って入らないんだろう。それは、君らの言葉で言えば、たぶん、「邪見《●じゃけん》」があるからだとは思うけどな。それが、先に入ってしまっているからだろうとは思うけど、おそらく、宗教観に違いがあるんだと思う。

ただ、いちおう、幸福の科学に対しても、どこまで〝あれ〟かはしらんけども、利用できる範囲《はんい》内で協調する気はあるようには見える。

完全に反対しているわけではないとは思うし、安倍《あべ》政権と方向性が合っている分には、君らを〝利用できる〟と思っているところがあるから、はっきりと、敵対するような感じで出てくるとは、私は思ってはおらんけどね。

●**邪見**　基本的な宗教信条が間違っているため、物事を正しく見られないこと。(『悟りの挑戦(下巻)』第5章「無我中道」参照)

7 「宗教法人課税論」の誤りについて

宗教法人への「課税」が難しい理由

小林　同じテーマを、少し角度を変えて、政治的な視点のほうからお尋《たず》ねしたいのですけれども、下村《しもむら》大臣の守護霊《しゅごれい》といいますか、生霊《いきりょう》が言っていた点が、もう一点ございます。

それは何かといいますと、実は、「麻生《あそう》財務大臣から、ささやかれとるんだ」という話でした。

三塚博　いや、そらあ、麻生さんは、「宗教法人課税」まで、今、やろうとしているからねえ。

小林　ええ。まあ、そこまでの話はともかく、具体的に、二度目の「消費税の増税」等を控《ひか》えているので、「減税推進派のグループに対しては、一刺《ひとさ》ししておきたい」と……。

三塚博　〝牽制球《けんせいきゅう》〟を投げてるんだろうと思うよ、（増税に反対）させんようにな
あ。そう言うてるんだ。

小林　先ほど、「幸福の科学グループが、安倍《あべ》政権の政敵を、ある意味で切り崩《くず》していっているからこそ、政権がもっていっているんだ」とおっしゃっていましたが、そうした大局的な目で見て、「麻生さんから下村さんへのささやき」といいます

か、「麻生さんのスタンス」といいますか、そのあたりに対して、大蔵《おおくら》大臣の経験者、先輩《せんぱい》として、コメントを頂けると、たいへんありがたいのですが……（注。本収録のあと、六月七日に麻生氏の守護霊霊言《れいげん》を収録した。『副総理・財務大臣麻生太郎の守護霊インタビュー』〔幸福の科学出版刊〕参照）。

三塚博　うーん。だから、本当はね、まあ、「信教の自由」もあるし、あれなんだけども、宗教にも、「国民の幸福と来世《らいせ》に対してお役に立ってる宗教」と、「お役に立ってない宗教」があるわけよ。本当は、それを信じたら、大変なことになる宗教が現実にはあるけども、それでも認証されてるものはたくさんあります。だから、そちらについては、「減税措置《そち》とかが、はたして正しいかどうか」という疑問がないわけではない。

例えば、国民が幸福になったり、あの世で迷わずに、きちんと成仏《じょうぶつ》できるほうの宗教であれば、別に、それは、教勢が伸《の》ばせたり、生き残れるように、減免措置をするのは当然のことだと思うけど、やっぱり、それを峻別《しゅんべつ》する頭がないからね。

宗教学者たちも、怠《なま》けているとは思う。このへんは、はっきり言うて怠けてる。彼らが、それを提示しなければ分からないけど、要するに、オウムみたいなのを阻止《そし》できなかったっていうか、反対だったわね。逆に、推進してたよね。

オウム推進派の宗教学者が多数であって、幸福の科学擁護《ようご》派のほうが、なんか声が小さかった。これが、引っ繰《く》り返って、〝脳震盪《のうしんとう》〟を起こしてるような状況《じょうきょう》だよね。

そして、結果が、「宗教法人法改正」になって、なんか、「宗教は、もう十把《じっぱ》ひとからげで監視《かんし》下に置かなくてはいかん」みたいな感じに持ってこられた。

君たちも、あれだけオウム事件解決のために努力したにもかかわらず、宗教法人法改正のほうへ持ってこられたっていうことで、まあ、政治からだんだん引いていかれたね。しばらく引いていかれて、自分たちの本山《ほんざん》づくりとか、そちらのほうで、しばらく、なんか、迂回《うかい》されたように、私の目には見えた。

「大川総裁は、迂回作戦に出たな。これ以上かかわると、あんまりよくないと見て、しばらく迂回作戦をされたのかな」と思ったし、宗教としての基盤《きばん》づくりのほうに入っておられたようには見えましたけどねえ。

だから、それは難しいですよ。本当はねえ、いい宗教は、公益性があるから、無税で、やっぱり推《お》し進める協力をしなきゃいけない。

ただ、悪い宗教、つまり、オウムみたいなところをタダ（無税）にして、金を使えるようにするっていうのは、あんまりいいことではなかったけど、これの区別がつかないし。

あるいは、「信教の自由」を保障しているのに、「これはいい。これは悪い」ってやると、ひどいことになると、中国の政権みたいになってきて、それを区別するのが、弾圧《だんあつ》の道具にまで行きかねないからね。

これがきついので、結局、「思想の自由」の放任で、学問だって、「どうせ、正しいのも間違《まちが》っとるのもあるんだろうけど、それは、しかたがない。言論を戦わせたり、本をたくさん出させたりして、どっちが勝つか、見るしかないんじゃないですか」みたいな感じになっとるでしょう？

結果は、でも、反対もあるよねえ。例えば、マルクス主義みたいなのが、もう何十年にもわたって国家運営をやれてしまうようなことだってあるけど、これは、やるところまでやらせないと間違ってることが分からないこともあるからね。まあ、そのへんの忍耐《にんたい》は要《い》るのかな。

だから、宗教は、百年単位で見ちゃいけないものがあって、千年、二千年かかるものがあるので、そういう意味では、ある程度、我慢《がまん》しなきゃいけないのかなあ。

「幸福の科学」と「宗教法人から逸脱《いつだつ》した〝変な宗教〟」の違《ちが》いはどこか

加藤　「政治家の使命」というのが、今日の大きなテーマになっていると思いますが……。

三塚博　ああ、そうか。

加藤　やはり、「善悪の価値判断をしっかりと下して、無我《むが》なる心で、最大多数の最大幸福を実現していくところに、政治の大きな使命がある」と、私などは考えているのですけれども、これが、相変わらず、現実の世界では、なかなか難しい面もあるということでしょうか。

三塚博　ああ、難しいねえ。まあ、政治家がやることは、何にしても、すぐダーティーなことに結びつけられるんでね。マスコミとかが、ちょっと、あら探しするので。

だから、宗教のところは、確かに、ひそやかに分からないようにしないと、必ず、嗅《か》ぎつけてきて、悪口を言う者は多いし、それには「税金に対する嫉妬《しっと》」のところもあるしねえ。

それで、実際に、宗教（法人）のなかには、乱脈《らんみゃく》経営とは言わんけど、〝変なところ〟も確かにあるとは思うのよ。私も、見ててそう思うよ。

例えば、宗教で、信者から金を集めて、非課税特権のところを利用して、関係のないことにたくさん手を出してるようなところもある気はするからさあ。

まあ、最近、広告をよく打ってるところも、なんかそんなようなところがあるので、「誰《だれ》がどこで引っ掛《か》けるのかなあ」と思って、見てはおるけども。それはねえ、大川隆法先生と競争しようとするには、千年、二千年早いですよ。あれはねえ、いずれ尻尾《しっぽ》が出て、苦しい目にきっと遭《あ》うと思うけどね。

幸福の科学のほうは、いろいろなことをやっているようであって、実は一貫《いっかん》しているんですよ、やっていることは。基本的な「宗教的信条」に合ってるかどうかっていうチェックはきちんと効いてて、それに沿ったことをやっていて、それ以外のことはやらない。

例えば、金があるんだったら、だいたい、この世だったら何でもできるね。金さえあれば、だって、株式会社なんか、幾《いく》らでもつくって、どんな事業だってできるでしょう? どんな事業だってできる、やろうと思えばね。

あるいは、ダミーのものをたくさんつくってやることだってできる。そういうところは、宗教でありますよ。ダミー会社をつくって、やってる宗教もたくさんあります。

あるいは、別の宗教法人を運営してる宗教まであります（苦笑）。もう宗教法人の名前まで変えてね。まあ、どことは言わないけど、そういうところもあります。そんななかで、一本、筋《すじ》は通してると思うし、幸福の科学に関しては、やっぱり、「筋が通らないことはやらない」っていうのも、はっきりしているので、このへんが見えないようであってはいかんと思いますねえ。いやあ、マスコミでも良識派の人は、そのへんは、もう見えてきているんじゃないでしょうか。

宗教法人課税の「意思表示」で麻生《あそう》氏が「狙《ねら》っていること」

綾織　先ほど、「麻生《あそう》さんが、宗教法人課税をやらんとしている」というような話がありましたけれども……。

三塚博　まあ、それは、ブラフ（はったり）かどうかは知らんけど、「もらえたらええなあ」っていう気持ちはあるわな。

綾織　ああ、そうですか。

三塚博　そら、思ってるだろう。

ただ、それには、〝あれ〟もあるんじゃないかと思う。公明党、まあ、創価学《そうかがっ》会《かい》を脅《おど》す面も、ちょっとあるとは思うんだよな。

「トヨタ以上に金を持っとるんじゃないか」っていう噂《うわさ》も、よく流れとるからさあ。「それをガボッと取ればいいんじゃないか」っていうのは、マスコミが食いつきやすいネタであるから。こう言って、「集団的自衛権」とか、そういう、憲法改正に反対する勢力のところを揺《ゆ》さぶっている面もあるとは思うよね。

8 「日本が世界から尊敬される日が近づいている」

「大仏建立《こんりゅう》」の偉業《いぎょう》を果たした行基菩薩《ぎょうきぼさつ》と、偉大なる「再誕《さいたん》の仏陀《ぶっだ》」

綾織　先ほど、「宗教は、百年単位で見てはいけないんだ」というお話がありました。また、「再誕《さいたん》の仏陀《ぶっだ》」というお話もありましたが、そういう存在に課税をすることというのは、千年単位の長い歴史で見たときに、やはり、汚点《おてん》として遺《のこ》っていくと思うのです。これについては、どのようにお考えでしょうか。

三塚博　まあ、「課税」っていうんじゃなくて、逆だよねえ。奈良《なら》の大仏さんをつくるときには、行基大菩薩《ぎょうきだいぼさつ》にお願いしたよね。自分たちの力で、税金ではできないので、宗教家の力を借りて、国民にきちんと説得をしてもらって、寄進《きしん》させたりして、国家が大仏造立《ぞうりゅう》っていうか、建立《こんりゅう》の大事業をやったぐらいですからね。

今で言やあ、こんなのは、「政教分離違反《ぶんりいはん》」と言われることであろうと思うけども、それは考え方や哲学《てつがく》が狭《せま》いんであって、「国家鎮護《ちんご》、安泰《あんたい》」、あるいは、「平和」を願うっていうことは、ものすごく大事なことであるんでねえ。

国に悪いことが流行《はや》ったり、国政が乱れたり、疫病《えきびょう》や飢饉《ききん》、外国が攻《せ》めてくるとか、いろいろ、悪いことが起きるようなときっていうのは、やっぱり、宗教的な求心力っていうか、パワー、神仏のご加護が必要なので。その神仏のご加護を願う気持ちが、たぶん、そういう大仏像建立みたいなのになったんだと思うけどねえ。

いやあ、今、そう言ったってねえ、「大川隆法さんが、日本を護《まも》ってるところ」は大きいと私は思うよ。アジアの諸国や、伝道した諸国等は、みんな、それを認識してきているからね。だから、「畏《おそ》れ多くて、侵《おか》しがたい国」になりつつあると思うんだよな。

それを、七十年以上前のことで、一生懸命《いっしょうけんめい》、日本を痛めつけて、黙《だま》らせて、やりたい放題やろうとしてるとこが、あるんでしょう？ それに対して、「仏が出ておられるんだ」ということで、逆洗脳をかけておるんでしょうからね。これは、防衛力、抑止力《よくしりょく》としては、もう、金銭《きんせん》にはカウントできない、すごいものだと思います。「尊敬される国」っていうのは、それ自体が防衛力なんですよ。

幸福の科学の「世界戦略」は何を意味しているのか

小林　その関連で、ひとつお尋《たず》ねします。

最近の当会のいろいろな霊査《れいさ》等で、例えば、「チャーチルという方は、過去世《かこぜ》において、どうも、お釈迦《しゃか》様のお父様だったらしい」ということが分かってきました。

また、ご存じかと思いますが、以前の霊査で、三塚さんは過去世で、お釈迦様の叔父《おじ》様に当たる方であることも分かっています。

そうした、「チャーチルや三塚さんなどの、人の配置や、仏陀の位置、また、幸福の科学や清和会《せいわかい》などの配置が、実は現代においても、今、おっしゃっていた外交などの世界政策のなかに、実は、一つのリンケージ（連鎖《れんさ》）をもって、グローバルに動いている」という、非常にユニークで面白《おもしろ》い部分が、だんだん、今、明らかになりつつあるわけです。そのあたりに関して、何か一言《ひとこと》、後輩《こうはい》の政治家にコメントを頂ければ、たいへん参考になると思うのですけれども。

三塚博　今、日本で「世界戦略」を立てられる人は、ほかにいないんじゃないかねえ。だから、ここ（幸福の科学）で立てた世界戦略は、だんだん、現実化していってるんじゃないでしょうか。政治家には、それだけの力が、やっぱり、今、ないですね。

それと、幸福の科学を「単なる宗教」と思うのは間違いであって、やはり、もう一段、高次な意志が働いていると思うんですよ。

つまり、「世界をどうするか」「どちらの方向に未来を建設していくか」というところまで含《ふく》めて、あるいは、「真実・真理の探究」というところまで含めて、新しい学問の力を出していこうとする教育のところも、今、やっている。

ただ、「教育」のところや、「国際政治、外交のあり方」、それから「未来のつくり方」まで教える宗教っていうのは、今までにはなかったものであって、これは、「新文明の創造」をしていらっしゃるんだと思うんですよね。

だから、宗教の枠《わく》はとっくに超《こ》えているとは思うんですけど、それは芸達者で超えてるわけではなくて、認識力の幅《はば》、範囲《はんい》、高さで超えてるんだよね。

いや、大川隆法先生一人で、あと、どのくらい頑張《がんば》ってくださるのかは知らないけれども、いてくださるだけで、やっぱり、日本という国の舵取《かじと》りは、ものすごく助かるというか、もう、アジア、アフリカ、欧米《おうべい》の一部、それから、南米の一部をかなり照らし始めていると思うので、「日本の求心力」は、実は高まってるんですよ。

その意味で、安倍《あべ》政権が活発に活動して、アジアを護ろうとしたり、リーダーになろうとしているように見えるし、アフリカまで手を出してますけれども、背景には、やっぱり、幸福の科学の教義が広がりつつあることが、大きな力を持っているわけですね。

幸福の科学の「言論の力」が強大である理由

三塚博　その根本《こんぽん》は何かというと、「先の大戦で、日本の国家神道《しんとう》を中心とする、天照大神《あまてらすおおみかみ》をはじめとした日本の神々が、ヒトラーと同じように、悪魔扱《あくまあつか》いされていたんだけれども、そういうものから解放されて、力を、今、発揮し始めている」っていうところです。これが、バックボーンとして大きいんですよ。

はっきりと、「靖国参拝《やすくにさんぱい》して、何が悪いんですか」と言い切れる宗教家が出てくるっていうことは、やっぱり、すごいことですよ。こういう宗教家と対決して、折伏《しゃくぶく》できるようなマスコミは、たぶんいないと思うんです。

実際の天上界《てんじょうかい》や地獄《じごく》界を両方とも見通しているような宗教家が言っていることに、「この世的な論理」で、やり合えるようなマスコミは現実にはいないし、今、かつては敵と見えたような左翼《さよく》マスコミでも、「幸福の科学の言論」というものの影響《えいきょう》の強さには、そうとうな押《お》し流しの〝波〟を感じてますよね。

宗教学者とか、評論家みたいな者が、まったく役に立たないなかで、(大川総裁は)独自で頑張っておられる。それは、もう、「ネルソン・マンデラの獄中二十七年」並みに、やっぱり、独自でやり続けていると、本当に思いますよ。

だから、これは、「日本が世界から尊敬される日は近づいている」と私は思うんです。そして、何となく、そういうものを、ひしひしと感じているだろうと思う。

やはり、世界的レベルで「善悪を判定する力」が出てくるっていうのは、すごいことなんです。

9　幸福実現党と自民党の「過去と未来」は？

簡単に諦《あきら》めず、人間関係を構築していく力をつくろう

綾織　大川総裁のそうした仕事の一方で、弟子《でし》側の仕事には評価できる部分もあればそうでない部分もあって、このへんが世間《せけん》的にも問われているところかと思うのです。もしその点についてアドバイスや客観的に何か教えていただけることがあれば、お願いいたします。

三塚博　まあ、選挙をやってあまり勝てないので、自信を失ってる面があるのかもしらんけど。

われわれ政治家の場合は、落ちたら「ただの人」だからね。票が取れなかったら「ただの人」になるっていうことで。

まあ、私なんかも、落選の経験はかなりあるけれども、まあ、そういう経験をしながら、これを一生の仕事にしてやってきた。今まで宗教家でやってて、信者が言うことをよく聞いてくれてたのが、外の人になったら聞いてくれなくなる。そういうところのギャップみたいなのにぶつかって、なんか自信をなくして、自己評価が十分の一、百分の一になってる人もいっぱいいると思うんですよねえ。だけど、君らから立候補してる人でも万の単位の票、一万とか二万とか四万とか取ってる人もいるじゃないですか。ねえ、立派なもんですよ。

私が国会議員の秘書をやって、最初、県議選に立候補して四千票余りしか取れなくて、惨敗《ざんぱい》しているのから見て、そんなに簡単に諦《あきら》めちゃあいけない。

やっぱり、みんな宗教家になりたかった人たちを使ってるために、政治家への志《こころざし》がそんなに深くないのかもしれないので（笑）、それが挫折《ざせつ》イメージになってるのかもしらんけども。

まあ、国民の意識は、遅《おく》れてはいるけども、長くやってくれるんだったら、だんだんに「信頼感《しんらい》」とか「認知度」とか、そういうものが高まってくると思うので、そのへんは自分たちで耕《たがや》して「人間関係」を構築していく力をつくらないといかんところがあるわねえ。

落選しても大丈夫《だいじょうぶ》という「甘《あま》さ」はないか

三塚博　あと、ある意味で政治家に立候補するっていうのは博打《ばくち》みたいなもんで、ほんと落ちれば「ただの人」で、無収入になって花咲《さ》かないままに終わってしまう場合も多いんだけども、君らはまだホームベースとしての宗教や、その関連事業があって、逃《に》げ場が十分にあるんでね。そのへんが「甘《あま》さ」としてはあるんじゃないか。

だから、よく落ちれば落ちるほど宗教のほうに早く〝回収《かいしゅう》〟してもらえるような気持ちがあるし（笑）、票を下手《へた》に取ると政治のほうでずっとやらなきゃいけなくなるような感じがあるので、そのへんにちょっと意識のズレがあるのかもしらんとは思う。

まあ、もうすでに宗教が長くて、なかなか意識を変換《へんかん》できない方もいるのかもしれないので、そういう意味だったら新しい方々を募《つの》って、だんだん彼らに本職として頑張《がんば》ってもらうようにしたほうがいいのかもしれないけどね。

チャンスが来るその日まで、準備を怠《おこた》らない

加藤　幸福実現党といたしましては、自民党や民主党が言えない、しかし誰《だれ》かが言わなければいけないこの国の進むべき指針を、政策としてこれからも訴《うった》え続け

ていく覚悟《かくご》です。

今、選挙の話も少し出ましたので、一言《ひとこと》、アドバイスを頂ければありがたいと思います。三塚先生も選挙ではだいぶご苦労されて……。


三塚博　うーん。落ちるよなあ。

やっぱり外見が冴《さ》えない人は落ちるなあ。やっぱりなあ。アッハッハッハッハ。苦労するなあ。

まあ、ほんとにSMAP《スマップ》みたいだったら、どれほどよかったかなと思うよ。だけど、君らはなかなか、美男美女《びなんびじょ》がいつも出てるっていう噂《うわさ》ではあるからして、もうちょっと有利なんじゃないかなあ。

加藤　せっかくですので、まずは一言、アドバイスでも頂ければありがたいんですけれども。

三塚博　うーん。そらあ、自民党っていうのが、まだ死んでるわけでもないからね。ある意味では最後なのかもしらんし、消える前の異常な、最後の輝《かがや》きかもしらんけども（笑）。安倍《あべ》さんがすごく輝いて頑張ってるときではあるので。

まあ、民主党で実験して駄目《だめ》なのは分かったけど、自民党がもう一回返り咲《ざ》いて、この国を導けるかどうかっていう実験をやってるわけだから、安倍さんがあなたがたから恩恵《おんけい》を受けつつ、あなたがたが輝くのを止めてる面もあるとは思うんだ。

まあ、人材が続くかどうかの問題はどうせ、あとで出てくるので、いずれ、そんなに続かないし、麻生《あそう》さんも、もう一回（総理を）やるぐらいの野心はたぶんあるんだろうけども、それは、また下野《げや》しなきゃいけないことが起きるということで、「もう、何回同じことを繰《く》り返すのか」っていうことにはなるからね。

小林　はい。

三塚博　まあ、いずれねえ、長くやってるとチャンスはやってくることはあるので、やっぱりその日に備えて準備することだね。

マスコミの不況脱出《ふきょうだっしゅつ》策にもなった「オウム事件」

三塚博　あとは、政治家が全部、幸福の科学に帰依《きえ》してくるようだったら、別に政党がなくてもやれんことはないんだけどね。

ただ、わしが清和会《せいわかい》の会長をやってるときは、幸福の科学の国会議員というのは……、社会党の半分以上の力はあったような感じはする。それだけの勢力を国会に持っていたような気がするから、八百人中、百人以上は幸福の科学の会員だったと思うので、かなり内部的にも力はあったし、政権も安定してたと思う。だけど、オウム事件で、せっかく幸福の科学が解決のために働いたのに、マスコミがフェアにそれを報道しないで、あとから出てきて自分たちの手柄《てがら》にしたんだ。

綾織　はい。

三塚博　あれは卑怯《ひきょう》なやり方だな。肝心《かんじん》なところは怖《こわ》くて逃げていて、だいたい勝ちが見えたときに出てきて、自分らの手柄にした。何年もオウムを追及《ついきゅう》して、それで稼《かせ》ぎまくったっていうか、「オウム事件」が、マスコミの不況脱出策《ふきょうだっしゅつさく》になったんじゃないの？　ちょうど不況だったんで、「ヘアヌード」を載《の》せて食ってていくのが精一杯《せいいっぱい》だったのに、ええときにオウムが出たんでなあ。あれで食えて食えて、みんな潤《うるお》っちゃったんだよなあ。

「神仏のつくられた政党は失敗はできない」

綾織　自民党の話に戻《もど》りたいのですけれども、自民党の方々からは、ありていに言えば、「幸福の科学は自民党の支持団体に戻ればいいいんだ」とか、「幸福実現党なんか、もうやめればいいんだ」という話が、いまだに、ちらほらと出てきます。

三塚博　うん。

綾織　そこで、「自民党と幸福実現党は、将来的なことも含《ふく》めて何が違《ちが》うのか」というのを、三塚先生はどのようにご覧になりますか。

三塚博　いや、それはねえ、自民党は間違ってもいいのよ。

綾織　ほお（笑）。

三塚博　〝人間の仕事〟だから間違っても構わない。そういう意味で「失敗する権利」があるんだよ、自民党には。

だけど、幸福実現党には「失敗する権利」がないんだよ。

綾織　ああ、なるほど（笑）。

三塚博　うん。〝神仏のつくられた政党〟だったら、失敗はできないんだよ。しちゃいけないんだ。そういう意味での厳しさがあるんだよな。だから、試行錯誤《しこうさくご》が多いなら、それは自民党にやらしてくれたほうがいいわけだ。宗教のほうまで影響《えいきょう》が出るとよくないでしょう。

綾織　はい。

幸福実現党を認めざるをえない時期が来る

三塚博　これは、学校でも同じことを言われてんだろ？

綾織　そうですね。

三塚博　「大学等で学部をつくって、もし、弟子たちが大学の運営ができなくて倒産《とうさん》するとか、生徒が集まらなかったとかいうことになったら、宗教本体に悪い評判が立つかもしれない。そうなったら、よくないんじゃないか」みたいなことを、ご親切にも考えてくれる方がいらっしゃるんでしょ？

綾織　はい。

三塚博　政治は同じことが、もっと派手《はで》に出る場合があるから。政党ができて、もし政権に加わるなり、連立するなりしても、結局、政治での勢力を増やしたかったら、宗教の教義から離《はな》れていくかたちで、この世的な人が、この世的なことをやらなければいけない。

要するに、ばら撒《ま》いて、一生懸命《いっしょうけんめい》、票を買わなければ勝てないようなことになっていけば、政党のところが宗教の足枷《あしかせ》になることもないわけではないからね。

まあ、そういうことを考えている人もいるだろうとは思うな。

だけど、今のところ、政権取りには特別、影響《えいきょう》はないようだけども、総裁の言論を〝拡販《かくはん》〟する力ぐらいにはなってるような気はするので、その意味では、やっぱり多少の効果はあるんじゃないかなあ。

それから、マスコミは意地悪して、幸福実現党を取り上げずに、一生懸命、ほかの新しいところだけを取り上げてるのが、だんだんみんな飽《あ》きてきてはいるわね。だって何も新しいものはないからねえ。

だから、やっぱり「粘《ねば》る」っていうことも大事なんじゃないですか。粘らないといけなくて、やっぱり、「もう批判のしようがない」っていうか、「もう認めざるをえない」っていう時期はあると思うなあ。

「遠回りをしないで、幸福実現党は自民党を呑《の》み込《こ》め」

綾織　今は自民党と公明党の連立政権ですが、私たちの将来的なイメージとしては、別のかたちの「自幸《じこう》」というのも描いています。

三塚博　いやあ、ほんとは「自幸」じゃなくて、自民党を乗っ取っちゃったほうがいいんじゃないの？

綾織　そうですか（笑）。

三塚博　もう、面倒《めんどう》くさいじゃない？

綾織　面倒くさい（笑）。

三塚博　取っちゃったらいいんだよ。自民党をそのままもらっちゃってもいいんじゃないの？　なんかねえ、私は、若干《じゃっかん》、遠回りのような気もしないでもない。だから、自民党の議員がちゃんと帰依すりゃいいんじゃないの？　みんなで。

綾織　はい。

三塚博　もう、（イスラム教の）カーバ神殿《しんでん》●で〝五体投地《ごたいとうち》〟するように、みんな、国会の赤絨毯《あかじゅうたん》の上で、時間が来たら幸福の科学の方向に向かって〝五体投地〟したら、それでもういいんじゃないの？

連立してもいいけど、なんか遅《おそ》いような気が若干するので、自民党そのものを

●カーバ神殿　メッカにあるイスラム教の最重要の聖地。高さ15mほどの直方体の石造りの神殿。全世界のイスラム教徒は、カーバに向かって礼拝・巡礼する（「カーバ」とは立方体の意）。

取っちゃったほうがいいような気もするんだけどなあ。どうかねえ？

10 「日本は恐《おそ》ろしい速度で革命が進んでいる」

綾織　今日のテーマである「政治家の使命」に関して、「国民の声を聞く」という部分と、「神仏の声を聞く」という部分を、どのように両立させていくかが、政治家として非常に大事なところかと思うのです。その点で、後進の方々へのアドバイスを頂ければと思います。

三塚博　やっぱり、これは国家のあり方の問題ではあろうがねえ。
例えば、ユダヤの民《たみ》は「神様の声を聞いて、契約《けいやく》する」っていうことで、あれは政治的な意味をも持つ契約だわな。宗教的でもあるけど、政治的にも意味のある契約だと思う。姿が見えないけど神の声を聞けるという人がいて、それを信じて「神と契約する」っていう感じで動いとったやろ？　まあ、イスラム教だって似たようなもんだろうとは思うけどね。

だから、「政教分離《ぶんり》型の考え方」が、必ずしも世界の主流だとは言い切れないものはあるんだ。

今は、神の声が、「過去に聞こえた」っていう話じゃなくて、「現在に聞こえる」っていう時代であるからね。日本はある意味で、実は恐《おそ》ろしい速度で革命が進んでいるのかもしれない。

霊性《れいせい》革命、精神革命がすごく進んでいるのかもしれないので、もうちょっとで〝ナイアガラフォールズ〟から落ちるように、みんな「信仰《しんこう》国家」になってしまう可能性がある。その寸前なのかもしれない。

つまり、自民党の安倍《あべ》さんの〝次の弾《たま》〟がなかったら、あなたがたが言うこと以外に信頼《しんらい》できるものはないかもしれないですからね。

11　三塚博氏の「過去世《かこぜ》」を探《さぐ》る

安倍《あべ》首相の信仰心《しんこうしん》を称《たた》える三塚氏

加藤　三塚先生のお話を伺《うかが》っていますと、スケールの大きさに加え、私からこのような言い方をしては失礼かもしれませんけれども、非常に高い認識力を感じます。

三塚博　うん、うん。

加藤　今、実際に、地上の政治に対して、自民党あたりをご指導なり、応援《おうえん》なりしていらっしゃるのでしょうか。霊的《れいてき》にどのようなお仕事をされているのか、お教えいただければと思います。

三塚博　まあ、(地上を去って)十年ぐらいなんで、大したあれじゃあないんですけどねえ。ただ、「政治と宗教との架《か》け橋《はし》」みたいなものができればええなあと、今は思ってはおるんだけどね。

それとやっぱり、日本の外交のところを、いちばん心配してはいるんでね。まあ、外交のところが心配だわなあ。

これを、どうにかしないといかんなあと思っておる。ここで道を誤らないようにと思っておるけども。

まあ、安倍《あべ》さんの信仰心《しんこうしん》って、ある意味では私より上かもしれないところもあるので……。

綾織　あ、そうですか。

三塚博　私の信仰心より、さらにもう一本、吉田松陰《よしだしょういん》のものが〝一発〟入っているので、これは抜《ぬ》けないんですねえ。ドラキュラに打ち込《こ》まれた〝十字架〟みたいなもんで、松陰神社のあれがズボーッと一発入ってる。

安倍さんの地元だからねえ。これは逃《に》げようがない。吉田松陰のあれが刺《さ》さってるからさあ、彼はたぶん幸福の科学から逃げられないよ。

天上界《てんじょうかい》における安倍晋太郎《あべしんたろう》氏との関係

綾織　安倍《あべ》首相に関して言うと、安倍さんのお父様である安倍晋太郎《しんたろう》さんとは、お話しされたりするのですか。

三塚博　ああ、それねえ。安倍晋太郎さんも（霊言《れいげん》の）準備をしてるからさあ。

綾織　あ、そうですか（笑）。

三塚博　そのうち呼んでさあ。いや、今日も、「俺《おれ》が出るか、安倍晋太郎が出るか」っていう協議をやったんだから。俺のほうが、一、二週間前から「出る。出る」と言うてたんで、回してもろうたんだけど。

まあ、晋太郎さんでもよかったし、あちらのほうがインパクトは、もしかしたら大

安倍晋太郎（1924 ～ 1991）
山口県出身。岸信介元首相の娘婿で安倍晋三首相の父。「政界のプリンス」といわれ、農林大臣、官房長官、通産大臣、外務大臣等、数々の要職を歴任した。

きかった可能性が……。

加藤　晋太郎さんは、今、晋三《しんぞう》さんのことを、どのように見ていらっしゃるのですか。

三塚博　まあ、それはご本人に訊《き》いたほうが……（会場笑）。いや、わしが言うのは、ちょっとねえ。それは大事なところで、それを〝おまけ〟が出してしもうたら、いかんでしょうが。どう思うとるか、そらあ訊くべきだろうな。

綾織　ええ、それはそのときの楽しみにさせていただきます。

三塚博　あの……、わしの次か、その次か、どちらかに出てくるところで、今、準備してる。ほかにちょっと競争者がいるので。

綾織　ああ、そうなんですか。分かりました。

三塚博　「出てきたい」ということで、ちょっと競争している人がいるのでね。わしは、だいぶ粘《ねば》っとったけど、幾《いく》つか先を越《こ》されたんでな。何人、やられたかな？

綾織　申し訳ございません（苦笑）。

幸福の科学で明かされていた過去世《かこぜ》は「正しい」

三塚博　あれだって、言わせていたがねえ、下村《しもむら》君（守護霊）なんか、わしより先に出る権利はなかったんだ（会場笑）。

小林　ええ、後輩《こうはい》の分際《ぶんざい》で、という……。

三塚博　わしのほうが先に出る予定で組まれとったのを、先を越して入られたしさあ。まあ、ほかのも、ちょっと出てきてるので。

わしは、ちょっと引っ込み思案《じあん》っていうか、東北人の遅効性《ちこうせい》っていうか、遅《おく》れる気《け》があるので、サーッと先を取られることがあるんだよね。

ただ、たまたまねえ、昨日、うまいこと、〝フック〟がかかったのよ。

たまたま、総裁先生ご夫婦《ふうふ》が明治神宮《めいじじんぐう》に参詣《さんけい》してくだされましてなあ。「清正《きよまさ》の井戸《いど》」を見に行ってくれて……。

綾織　そうですか（笑）。

三塚博　空《す》いてたので、「清正の井戸」まで行って、写真を撮《と》ってお帰りになられた。

綾織　なるほど。

三塚博　「あの井戸の水を触《さわ》ってくれた」っていうご縁《えん》があって、写真を撮って喜んでくださったので、「これはチャンスだ！」と思って。

綾織　加藤《かとう》清正というのは……。

加藤清正（1562 ～ 1611）

尾張（愛知県）出身。安土桃山から江戸初期の武将。幼少時より豊臣秀吉に仕え、「賤ヶ岳《しずがたけ》の七本槍《しちほんやり》」の一人になる。肥後半国を与えられ、文禄・慶長の役で朝鮮に出兵。関ヶ原の戦いでは東軍（徳川方）につき、その論功行賞で 54 万石を与えられ、肥後国熊本藩初代藩主となる。また、築城の名手で、熊本城や、江戸城、名古屋城天守閣等、数々の築城に携わった。熱烈な日蓮宗の信徒。

三塚博　うーん、加藤清正は、わしの過去世《かこぜ》です。間違《まちが》いないです。

綾織　間違いないわけですね。なるほど。

三塚博　間違いなくそのとおりです。おっしゃっていたとおりです。まあ、「清正の井戸」も、霊験《れいげん》あらたかでなあ。いや、東京の〝パワースポット〟なんだよ。

だから、やっぱりそうなんだ。分かる人には分かるんだよ。わしが死んでからあと、「清正の井戸」っていうのが、日本の明治神宮のパワースポットになった。

加藤　なるほどですね。

三塚博　だから、外国人がみんな、その井戸を見に来てるの。パワーを受けにきてるのよ。
面白《おもしろ》いのは、その明治神宮に、中国人までが来て、なんか一生懸命《いっしょうけんめい》、願いごとをして絵馬《えま》をかけとる。

綾織　はあ。

三塚博　その神様が、「中国人を負かした相手だ」っていうのを知ってるのかどうか。

綾織　そうですね（笑）。

三塚博　それを知らすべきかどうかね。中国語で願《がん》をかけたりしてるけど。まあ、みんな、「清正の井戸」を見に来ているし、これから菖蒲園《しょうぶえん》が盛《さか》んになっていくので、まだ、しばらく来るとは思うよ。
あそこは、もう、「霊的スポット」になったわけよ。だから、感じる人がいたんだ。わしがあの世へ還《かえ》って、神様の一部に入ったから、「霊的スポット」になったのよ。いちおう、神格《しんかく》は出てるのよ。

綾織　お釈迦《しゃか》様時代のアムリトダナ（甘露飯王《かんろぼんおう》）という過去世も……。

三塚博　間違いない。

綾織　分かりました。

桓武帝《かんむてい》の時代にも活躍《かつやく》した日本神道系《しんとう》の過去世《かこぜ》

綾織　それ以外の方で、もし何か明らかにできるものはありますか。

三塚博　まあ、あとは、日本神道《しんとう》だな。日本神道で、古代の……、まあ、天皇まではいかなかったかもしらん（笑）。天皇だったら名前が出しやすいんだが、そこまではいかなかった。ただ、大臣《おとど》というか、大臣《だいじん》ぐらいなら経験はある。

綾織　そのときは、どういった方々と一緒《いっしょ》に活躍《かつやく》されたのでしょうか。

三塚博　うーん、そうだねえ。桓武帝《かんむてい》の時代だったような気がするんだがなあ。

そのころにいたような気がするなあ。
なんか大宰府《だざいふ》に左遷《させん》された人も、そのころにはいたような……。

綾織　ああ、そういう時代ですね。

三塚博　うん、似たような時代にいたし、あと、藤原道長《ふじわらのみちなが》なんかがいたような時代にもいた。そういう時代に、わしも、ちょっとした大臣として、おったんだとは思う。まあ、それほど重要な役職ではなかったが、信仰心はあったということだな。

今度は、安倍晴明《あべのせいめい》さんが学長になられるとのことであるので（『早稲田《わせだ》大学創立者・大隈重信《おおくましげのぶ》「大学教育の意義」を語る』〔幸福の科学出版刊〕参照）、もうちょっと呪力《じゅりょく》をしっかりと学問に変えなきゃねえ。やっぱり呪術をやらないと。よそから呪詛《じゅそ》されてるようでは、いかんのだがな（『文部科学大臣・下村博文守護《はくぶんしゅご》霊《れい》インタビュー』〔幸福の科学出版刊〕参照）。

やっぱり打ち倒《たお》さなければいけない。〝ガマガエルに変身する法〟とか、そういうのをつくらないといかんよ、学問的にな。「どうやってガマガエルの幻影《げんえい》を見せるか」とかね。

豊臣秀吉《とよとみひでよし》の転生《てんしょう》については「明かせない」

綾織　ちなみに、秀吉《ひでよし》さんは、どういう人か分かりますか。

三塚博　ああ、なんか今、問題になっとるんだってな。

綾織　もし、お話しできるような部分が何かあれば……。

三塚博　まあ、それは知らんわけはないわなあ。加藤清正が、秀吉を知らんわけはないわね。

でも、それを言うと、喜ぶ人とか、がっかりする人とか、いろいろ出てくるかもしれないし、あるいは、お楽しみの部分があるかもしれない。ただ、なんか今はちょっとタブーがかかってはいるらしいので。

綾織　ああ、そうですか。

三塚博　うーん、まあ、秀吉として出るんだったら、やっぱり政治家で成功するか、そうでなければ、世界的に有名になってくるぐらいの実業家にならなけりゃいけないいんじゃないかなあ。

今、それだけの立場に立っていないから、はっきりしないんじゃないだろうかねえ。
わしは分かっとるよ。分かっとるが、「まだ、そういう立場に立っていないのかもしれないね」ということだなあ。

綾織　分かりました。

支援霊《しえんれい》の一柱《いっちゅう》として幸福の科学を「見守っていきたい」

三塚博　まあ、君たちの「守護神《しゅごしん》」というのは言いすぎだから、「支援霊《しえんれい》」だな。支援霊の一柱《いっちゅう》として、今後も見守っていきたいので。
幸福実現党が続いていくのか、自民党を乗っ取るのか、そのへんは分からないし、それは主《しゅ》の御心《みこころ》でご判断くだされればいいと思うよ。ただ、少なくとも、あと

二、三十年は、日本にはいろいろな危機があろうけれども、私は、「必ず乗り切っていける」という、そういう「灯台の光があるので、絶対大丈夫《だいじょうぶ》」という自信は持っているのでね。

あの強大化しつつある中国にも負けないで、きっと勝てると思うし、安倍さん以降の政治家の時代になったとしても、たぶん問題はないと思う。マスコミも、そうは言っても、もう半分ぐらいはやられてるんじゃないですか。

これは、五百二本目ぐらいのあれなんでしょう？　「公開霊言」なんでしょ？

綾織　はい。

三塚博　これは、そうとうの〝弾数《たまかず》〟ですよ。ミサイルでいうと、五百本もミサイルが飛んできたら、やっぱりボロボロになりますよ。

綾織　そうですね。

三塚博　そうとう撃《う》ち込まれてる。これを全部否定できるかどうかだねえ。

綾織　難しいですね。

三塚博　三塚博のあとは、安倍さんのお父さんが登場するから、それは大変なことで。予告して、ちょっと間《あいだ》を空《あ》けたほうがいいかもしれないね。

綾織　（笑）

三塚博　本を出して予告して……。そうしないと、安倍さんのお父さんのを録《と》ると、（幸福の科学）出版が、私のを必ず後回しにする。私のが、夏以降、●御生誕《ごせいたん》祭《さい》以降になるのは分かっているから。

綾織　それはまずいですね（笑）（会場笑）。

三塚博　手口《てぐち》が分かってるから、ちょっと〝急ぎ〟は勧《すす》めない。ほかに、将来出してもいいのを、ちょっと挟《はさ》んでもいいかもしれない。

よく考えないと、後へ後へ〝回されて〟いくから、ここは大変なんだよ。

綾織　はい、分かりました。急いで出版させていただきます。

●御生誕祭　大川隆法総裁の生誕（７月７日）を祝して行われる、幸福の科学グループ最大の祭典。毎年７月開催。

三塚博氏から政界へのメッセージ

三塚博　まあ、とにかく、わしも八百万《やおよろず》の神々的な神様の一柱には入れた。それは幸福の科学を信仰してたおかげである。

だから、自民党およびほかの民主党でもいいけども、心ある政治家は、幸福の科学という正しい宗教に帰依《きえ》しなさい。

下村君は、幸福の科学で●三帰誓願《さんきせいがん》しておりながら、そのへんを隠蔽《いんぺい》して、知らん顔して過ごそうとするのなら、それは不敬罪《ふけいざい》に当たりますよ。神様になれませんよ。

ここらで心を入れ替《か》えて、「ちゃんと、やるべき仕事をやらないかんのと違いますかねえ」ということは、わしから、一言《ひとこと》、言っとくわなあ。

だから、また（下村氏の）生霊《いきりょう》が来るようだったら、今度は、「加藤清正出《い》で

●三帰誓願　「仏（仏陀）」「法（仏陀の説く教え）」「僧（僧団）」の三宝に帰依する誓いを立てること。

て、槍《やり》で突《つ》け！」とか言ってくれれば、槍を持ってやって来るからさ。

綾織　はい。大丈夫です。

三塚博　まあ、頑張《がんば》らせていただくつもりでおるけどな。今、若手の政治家に代わってきて、だいぶ認識がズレてきたようなので、ちょっと、〝ご意見番〟として意見を言わせてもらいたいな。もし、「近いうちに総理になりたい！」とか、そういう野望を持っているんだったら、幸福の科学を大事にしなければ危ないと思いますよ。その教養のレベルの高さを認識するだけの知力があるならばね。

そういうことを付け加えておきたいですがな。

綾織　本日は、さまざまにご指導いただき、まことにありがとうございました。

三塚博　うん。ちょっと応援になったら、うれしいな。

加藤　ぜひ、これからもよろしくお願い申し上げます。

三塚博　うん、じゃあ、頑張ってくれたまえ。

君らが言っていることは、わしがあの世に還って十年間で見聞《けんぶん》し、それから、あの世からこの地上を見るかぎり、「(幸福の科学の) 方向に大きな間違いはない」というふうに思っていいと思う。

地上的に苦しんでいるのは、よく分かるけれども、ほかの世界宗教も最初のころはそうだったんじゃないんでしょうか。最初の二十年、三十年ぐらいは、やっぱりみんなが苦しんでいるんじゃないでしょうか。

いずれ、大きく広がっていくことになると思うので、何とか乗り越えてほしいなあと思うね。

まあ、「間違いがない」ということだけは言っておきたい。

一同　ありがとうございました。

12　三塚博氏の霊言《れいげん》を終えて

大川隆法　（手を二回叩《たた》く）はい。応援《おうえん》に来てくださったようでございます。政治のほうで、やや、もたついているので、一言《ひとこと》、応援したくて来てくれたのでしょう。

今の政治の流れは、清和会《せいわかい》なんですよね。清和会の後輩《こうはい》たちが、ちょっとたるんでいるので、一言、言いたかったようではあります。意外に、森《もり》（喜朗《よしろう》）さんあたりが、「北方領土案件」を片付けようと動いているようではありますけどね。

まあ、政界のほうとも上手にやらないといけないということはあるかもしれません。

先々、どうなるか、まだ、この世の努力にかかっている面もあるでしょうが、やはり、「真実は強い」ということを信じて、やっていきたいと思います。
まあ、文科大臣も、そんなに唯物論者《ゆいぶつろんしゃ》ではありませんから、ある程度、分かるときには分かるのではないでしょうか。

一同　はい。ありがとうございました。

あとがき

純朴だが、包容力があって、磁力《じりょく》を持った政治家だった。

おしどり夫婦の奥さんも、幸福の科学の良き理解者だったと聞いている。当時まだ三十代～四十歳前後の私に、どれほどの国家観があったかは判らない。今は、総理大臣と同年代になって、世界全体のことがよく観《み》えるようになった。外国の大統領の考えていることも、手にとるように判るようになってきた。

まだ修行中の身ではあるが、この国と世界のために、命を捧《ささ》げたいという気持ちが日増しに強くなってきている。

一個の人間として生まれた以上、できることには限りがあるだろう。今、私は、砂時計の砂が一粒一粒落ちていくのを惜しむような気持ちで毎日を生きている。

「必ずや世界の北極星になります。」と、故・三塚博氏に誓いたい気持ちになる。今回は本当に有難うございました。

二〇一四年　六月六日

幸福《こうふく》の科学《かがく》グループ創始者兼総裁《そうししゃけんそうさい》　大川隆法《おおかわりゅうほう》

『元大蔵大臣・三塚博「政治家の使命」を語る』大川隆法著作関連書籍

『副総理・財務大臣　麻生太郎の守護霊インタビュー』（幸福の科学出版刊）
『「特定秘密保護法」をどう考えるべきか』（同右）
『早稲田大学創立者・大隈重信「大学教育の意義」を語る』（同右）
『文部科学大臣・下村博文守護霊インタビュー』（同右）
『吉田松陰は安倍政権をどう見ているか』（幸福実現党刊）
『中曽根康弘元総理・最後のご奉公』（同右）
『宮澤喜一　元総理の霊言』（同右）

元大蔵大臣《もとおおくらだいじん》・三塚博《みつづかひろし》「政治家《せいじか》の使命《しめい》」を語《かた》る

2014年6月12日　初版第1刷

著　者　　大《おお》　川《かわ》　隆《りゅう》　法《ほう》

発行所　　幸福の科学出版株式会社
〒107-0052 東京都港区赤坂2丁目10番14号
TEL(03)5573-7700
http://www.irhpress.co.jp/
印刷・製本　株式会社 東京研文社

落丁・乱丁本はおとりかえいたします

ISBN978-4-86395-483-0 C0030

写真：時事／kazu1226/PIXTA

大川隆法ベストセラーズ・「幸福の科学大学」が目指すもの

※幸福の科学大学（仮称）設置認可申請中

新しき大学の理念

「幸福の科学大学」がめざす
ニュー・フロンティア

※幸福の科学大学（仮称）設置認可申請中

2015年、開学予定の「幸福の科学大学」。日本の大学教育に新風を吹き込む「新時代の教育理念」とは？ 創立者・大川隆法が、そのビジョンを語る。

1,400円

「経営成功学」とは何か

百戦百勝の新しい経営学

経営者を育てない日本の経営学!? アメリカをダメにしたMBA──!? 幸福の科学大学（仮称・設置認可申請中）の「経営成功学」に託された経営哲学のニュー・フロンティアとは。

1,500円

「人間幸福学」とは何か

人類の幸福を探究する新学問

「人間の幸福」という観点から、あらゆる学問を再検証し、再構築する──。数千年の未来に向けて開かれていく学問の源流がここにある。

1,500円

「未来産業学」とは何か

未来文明の源流を創造する

新しい産業への挑戦──「ありえない」を、「ありうる」に変える！ 未来文明の源流となる分野を研究し、人類の進化とユートピア建設を目指す。

1,500円

幸福の科学出版

※幸福の科学大学（仮称）は設置認可申請中のため、構想内容は変更の可能性があります。

大川隆法 ベストセラーズ・「幸福の科学大学」が目指すもの

※幸福の科学大学（仮称）設置認可申請中

経営が成功するコツ

実践的経営学のすすめ

付加価値の創出、マーケティング、イノベーション、人材育成……。ゼロから事業を起こし、大企業に育てるまでに必要な「経営の要諦」が示される。

1,800円

法哲学入門

法の根源にあるもの

ヘーゲルの偉大さ、カントの功罪、そしてマルクスの問題点――。ソクラテスからアーレントまでを検証し、法哲学のあるべき姿を探究する。

1,500円

経営の創造

新規事業を立ち上げるための要諦

才能の見極め方、新しい「事業の種」の探し方、圧倒的な差別化を図る方法など、深い人間学と実績に裏打ちされた「経営成功学」の具体論が語られる。

2,000円

政治哲学の原点

「自由の創設」を目指して

政治は何のためにあるのか。真の「自由」、真の「平等」とは何か――。全体主義を防ぎ、国家を繁栄に導く「新たな政治哲学」が、ここに示される。

1,500円

※表示価格は本体価格（税別）です。

※幸福の科学大学（仮称）は設置認可申請中のため、構想内容は変更の可能性があります。

大川隆法ベストセラーズ・忍耐の時代を切り拓く

忍耐の法
「常識」を逆転させるために

人生のあらゆる苦難を乗り越え、夢や志を実現させる方法が、この一冊に――。混迷の現代を生きるすべての人に贈る待望の「法シリーズ」第20作!

2,000円

「正しき心の探究」の大切さ

靖国参拝批判、中・韓・米の歴史認識……。「真実の歴史観」と「神の正義」とは何かを示し、日本に立ちはだかる問題を解決する、2014年新春提言。

1,500円

忍耐の時代の経営戦略
企業の命運を握る3つの成長戦略

豪華装丁
函入り

2014年以降のマクロ経済の動向を的確に予測! これから厳しい時代に突入する日本において、企業と個人がとるべき「サバイバル戦略」を示す。

10,000円

大川隆法ベストセラーズ・大川隆法の魅力を探る

大川隆法の守護霊霊言

ユートピア実現への挑戦

あの世の存在証明による霊性革命、正論と神仏の正義による政治革命。幸福の科学グループ創始者兼総裁の本心が、ついに明かされる。

1,400円

政治革命家・大川隆法

幸福実現党の父

未来が見える。嘘をつかない。タブーに挑戦する――。政治の問題を鋭く指摘し、具体的な打開策を唱える幸福実現党の魅力が分かる万人必読の書。

1,400円

素顔の大川隆法

素朴な疑問からドキッとするテーマまで、女性編集長3人の質問に気さくに答えた、101分公開ロングインタビュー。大注目の宗教家が、その本音を明かす。

1,300円

大川総裁の読書力

知的自己実現メソッド

区立図書館レベルの蔵書、時速2000ページを超える読書スピード――。1300冊を超える著作を生み出した驚異の知的生活とは。

1,400円

※表示価格は本体価格（税別）です。

大川隆法 霊言シリーズ・安倍政権のあり方を問う

安倍新総理 スピリチュアル・インタビュー

復活総理の勇気と覚悟を問う

自民党政権に、日本を守り抜く覚悟はあるか⁉　衆院選翌日、マスコミや国民がもっとも知りたい新総理の本心を問う、安倍氏守護霊インタビュー。
【幸福実現党刊】

1,400円

吉田松陰は 安倍政権をどう見ているか

靖国参拝の見送り、消費税の増税決定――めざすはポピュリズムによる長期政権? 安倍総理よ、志や信念がなければ、国難は乗り越えられない!
【幸福実現党刊】

1,400円

安倍昭恵首相夫人の 守護霊トーク「家庭内野党」の ホンネ、語ります。

「原発」「ＴＰＰ」「対中・対韓政策」など、夫の政策に反対の発言をする型破りなファーストレディ、アッキー。その意外な本心を守護霊が明かす。

1,400円

幸福の科学出版

幸福の科学グループのご案内

宗教、教育、政治、出版などの活動を通じて、地球的ユートピアの実現を目指しています。

宗教法人　幸福の科学

一九八六年に立宗。一九九一年に宗教法人格を取得。信仰の対象は、地球系霊団の最高大霊、主エル・カンターレ。世界百カ国以上の国々に信者を持ち、全人類救済という尊い使命のもと、信者は、「愛」と「悟り」と「ユートピア建設」の教えの実践、伝道に励んでいます。

（二〇一四年六月現在）

愛

幸福の科学の「愛」とは、与える愛です。これは、仏教の慈悲《じひ》や布施《ふせ》の精神と同じことです。信者は、仏法真理をお伝えすることを通して、多くの方に幸福な人生を送っていただくための活動に励んでいます。

悟り

「悟り」とは、自らが仏の子であることを知るということです。教学《きょうがく》や精神統一によって心を磨き、智慧《ちえ》を得て悩みを解決すると共に、天使・菩薩《ぼさつ》の境地を目指し、より多くの人を救える力を身につけていきます。

ユートピア建設

私たち人間は、地上に理想世界を建設するという尊い使命を持って生まれてきています。社会の悪を押しとどめ、善を推し進めるために、信者はさまざまな活動に積極的に参加しています。

海外支援・災害支援

国内外の世界で貧困や災害、心の病で苦しんでいる人々に対しては、現地メンバーや支援団体と連携して、物心両面にわたり、あらゆる手段で手を差し伸べています。

自殺を減らそうキャンペーン

年間約３万人の自殺者を減らすため、全国各地で街頭キャンペーンを展開しています。

公式サイト **www.withyou-hs.net**

ヘレンの会

ヘレン・ケラーを理想として活動する、ハンディキャップを持つ方とボランティアの会です。視聴覚障害者、肢体不自由な方々に仏法真理を学んでいただくための、さまざまなサポートをしています。

公式サイト **www.helen-hs.net**

INFORMATION

お近くの精舎・支部・拠点など、お問い合わせは、こちらまで！

幸福の科学サービスセンター

TEL. **03-5793-1727**（受付時間 火〜金：10〜20時／土・日：10〜18時）

宗教法人 幸福の科学 公式サイト **happy-science.jp**

教育

学校法人
幸福の科学学園

学校法人 幸福の科学学園は、幸福の科学の教育理念のもとにつくられた教育機関です。人間にとって最も大切な宗教教育の導入を通じて精神性を高めながら、ユートピア建設に貢献する人材輩出を目指しています。

幸福の科学学園

中学校・高等学校（那須本校）
2010年4月開校・栃木県那須郡（男女共学・全寮制）
TEL **0287-75-7777**
公式サイト **happy-science.ac.jp**

関西中学校・高等学校（関西校）
2013年4月開校・滋賀県大津市（男女共学・寮及び通学）
TEL **077-573-7774**
公式サイト **kansai.happy-science.ac.jp**

幸福の科学大学（仮称・設置認可申請中）
2015年開学予定
TEL **03-6277-7248**（幸福の科学 大学準備室）
公式サイト **university.happy-science.jp**

仏法真理塾「サクセスNo.1」 TEL **03-5750-0747**（東京本校）
小・中・高校生が、信仰教育を基礎にしながら、「勉強も『心の修行』」と考えて学んでいます。

不登校児支援スクール「ネバー・マインド」 TEL **03-5750-1741**
心の面からのアプローチを重視して、不登校の子供たちを支援しています。
また、障害児支援の**「ユー・アー・エンゼル！」**運動も行っています。

エンゼルプランV TEL **03-5750-0757**
幼少時からの心の教育を大切にして、信仰をベースにした幼児教育を行っています。

シニア・プラン21 TEL **03-6384-0778**
希望に満ちた生涯現役人生のために、年齢を問わず、多くの方が学んでいます。

NPO活動支援

学校からのいじめ追放を目指し、さまざまな社会提言をしています。また、各地でのシンポジウムや学校への啓発ポスター掲示等に取り組むNPO「いじめから子供を守ろう！ネットワーク」を支援しています。

公式サイト **mamoro.org**
ブログ **mamoro.blog86.fc2.com**
相談窓口 **TEL.03-5719-2170**

政治

幸福実現党

内《ない》憂《ゆう》外《がい》患《かん》の国難に立ち向かうべく、二〇〇九年五月に幸福実現党を立党しました。創立者である大川隆法党総裁の精神的指導のもと、宗教だけでは解決できない問題に取り組み、幸福を具体化するための力になっています。

党員の機関紙
「幸福実現NEWS」

TEL 03-6441-0754
公式サイト hr-party.jp

出版メディア事業

幸福の科学出版

大川隆法総裁の仏法真理の書を中心に、ビジネス、自己啓発、小説など、さまざまなジャンルの書籍・雑誌を出版しています。他にも、映画事業、文学・学術発展のための振興事業、テレビ・ラジオ番組の提供など、幸福の科学文化を広げる事業を行っています。

アー・ユー・ハッピー?
are-you-happy.com

ザ・リバティ
the-liberty.com

幸福の科学出版
TEL 03-5573-7700
公式サイト irhpress.co.jp

THE FACT

ザ・ファクト
マスコミが報道しない
「事実」を世界に伝える
ネット・オピニオン番組

Youtubeにて
随時好評配信中！

ザ・ファクト　検索